航海科普系列丛书

船　员

CHUANYUAN

编著 ◉ 王辉　何庆华　李明

大连海事大学出版社
DALIAN MARITIME UNIVERSITY PRESS

图书在版编目(CIP)数据

船员／王辉,何庆华,李明编著. — 大连：大连
海事大学出版社，2024.6
（航海科普系列丛书）
ISBN 978-7-5632-4349-5

Ⅰ.①船… Ⅱ.①王… ②何… ③李… Ⅲ.①船员—
普及读物 Ⅳ.①U675-49

中国版本图书馆 CIP 数据核字（2022）第 255670 号

大连海事大学出版社出版

地址:大连市黄浦路523号 邮编:116026 电话:0411-84729665(营销部) 84729480(总编室)
http://press.dlmu.edu.cn E-mail:dmupress@dlmu.edu.cn

大连金华光彩色印刷有限公司印装　　　　　　　　大连海事大学出版社发行

2024 年 6 月第 1 版　　　　　　　　　　　　　　2024 年 6 月第 1 次印刷
幅面尺寸:170 mm×240 mm　　　　　　　　　　　印张:9.5
字数:172 千　　　　　　　　　　　　　　　　　印数:1~1000 册

出版人:刘明凯

责任编辑:宋彩霞　　　　　　　　　　　　　　　责任校对:席香吉
封面设计:解瑶瑶　　　　　　　　　　　　　　　版式设计:解瑶瑶

ISBN 978-7-5632-4349-5　　　定价:55.00 元

总　序

习近平总书记指出，"科技创新、科学普及是实现创新发展的两翼，要把科学普及放在与科技创新同等重要的位置"。海洋孕育了生命、联通了世界、促进了发展。"强于天下者必胜于海，衰于天下者必弱于海"，国家的兴盛与航海事业的发展密不可分。传承蓝色文化基因，教育引导青少年了解航海、热爱航海，是建设海洋强国、航运强国的重要举措。近年来，《中华人民共和国科学技术普及法》《关于新时代进一步加强科学技术普及工作的意见》《交通运输部关于加强交通运输科学技术普及工作的指导意见》《教育部办公厅 中国科协办公厅关于利用科普资源助推"双减"工作的通知》等法律和政策的出台，为新时代开展航海科普工作提供了遵循。

大连海事大学是中国著名的高等航海学府，是"享有国际盛誉"的海事院校。作为"航海家的摇篮"，普及航海科技知识、传承弘扬航海文化，是学校一直以来肩负的社会责任。建校百余年来，学校赓续航海文脉，着力打造新时代创新发展的"科普之翼"，沉淀结晶出一批一流的科普基地和作品，为开展航海科普教育奠定了坚实基础。

长期以来，学校不断加大优质科普作品资源供给，并集中优势力量策划、编写和出版"航海科普系列丛书"（以下简称丛书）。丛书由持有船长和轮机长证书的教授或业界专家编著，以海洋、航海、船舶、货物运输、港口、海事安全、航海叙事等为模块有机组合，将科技、历史、战争、贸易、艺术等融合其中，很好兼顾了政治性、思想性、科学性、实用性、通俗性、启发性和趣味性。丛书可用于面向公众尤其是青少年普及航海科技知识，提高大众航海科技文化素质，亦适合作为海事相关院校通识教育课程教材，还能为相关人士了解行业背景、获得行业知识提供有益参考。

丛书在策划、编写和出版过程中，得到了招商局集团、中国远洋海运集团、华洋海事中心有限公司、海丰国际控股有限公司的专业指导和鼎力相助，并由大连海事大学出版社进行审校和出版，保证了丛书的编写和出版质量，在此一并致谢！丛书在编写过程中，借鉴和参考了海事相关书籍和网络相关素材，在此向原作者表示感谢！

1

立足新时代,航海科普是充满光荣和梦想的远征。希望丛书的陆续出版,有助于协同构建航海科普共同体,推动航海科普与人才培养、科技创新深度融合发展,为国家、民族及行业孕育新希望,为服务加快建设海洋强国、航运强国贡献新的力量。

大连海事大学校长

2023 年 12 月

前　言

　　地球表面约有71%的面积被海洋覆盖，大海不仅会风平浪静，还会波涛汹涌，使人类望而生畏，望洋兴叹！然而却偏有一种在河海上工作、向大海和江河挑战的职业，那就是船员！特别是从事海上运输的海员。说起海员，有人会觉得这是一个艰苦的职业，远离陆地，远离家人，常年漂泊在外。有人觉得这是一个浪漫的职业，周游世界，浏览美景，品尝美食。有人觉得海员这一职业很危险，狂风巨浪，暗礁海冰，海盗出没。有人觉得海员伟大，驾驭巨轮，探险开拓，保障民生。确实，海员是一个特殊的职业，其特点难以一言以概之。

　　船员是航运业的重要组成部分，然而，想成为一名合格的船员并不是一件容易的事情，除了满足必要的身体条件，还要具备一定的专业知识、通过各级各类考试。国际公约也对船员的资质要求做了专门规定。只有船员的各项素质不断提高，才能让航海变得更安全，大海变得更清洁。

　　为了让读者对船员有一个系统的了解，也为了让有志于从事船员工作的人对未来的职业有一个全方位的认识，特编写本书。

　　本书从专业、历史、教育、国际公约、国内法规、船员队伍现状、职业特点与海上生活等方方面面为读者展示了一个全方位、立体化的海员形象。本书共分六章，分别是伟大的船员、著名的航海家、中国航海教育、怎样才能成为国际海员、船员队伍现状、海员职业与海上生活，从不同角度介绍了与船员相关的内容和读者感兴趣的话题。

　　本书是由具有多年航海经验的远洋船长，通过自己的所学、所见、所闻、所感为读者奉献出的一本科普读物。本书的编写尽量做到通俗易懂并兼固知识性和科普性，可供非航海专业人士和航海爱好者阅读。航海爱好者可以通过阅读本书了解船员，进而了解航海文化，更加热爱航海。

　　本书由大连海事大学王辉、何庆华、李明编著。众多航海同行给予了许多宝贵的建议和支持。大连海事大学航海技术专业2018级学生饶安琪、王泽宣为本书的编纂做了大量工作，在此一并感谢！

编著者

2023 年 12 月

目　录

第一章

伟大的船员

　　船员作为水上运输的最终实现者之一，在保障水上交通安全、防止船舶污染环境、促进对外贸易和国民经济发展、实现我国海运强国和交通强国的伟大目标等方面发挥着重要作用。

　　船员是一个特殊的职业，特别是从事海上运输的海员，更是一个"陌生"的职业。海员离开家人，漂泊在海上，他们的工作仿佛与我们的生活没有什么直接联系，但你知道吗？我们日常生活中衣食住行的需求能如此便利地得到满足，这一切都离不开海员们的辛勤劳作！

　　目前，船舶必须按照有关的国际公约和国内法规的要求，配备足够数量的合格船员，并明确岗位职责。未来，当科技发展到一定阶段，随着智能船和无人船的普及，传统意义上的船员也许会大幅减少，未来可能在陆地上驾驶船舶，到那时，我们关于船员的知识及其在海上生活的过往都将成为历史，但船员的未来也会谱写新的篇章。

　　船员的知识与历史是一本百科全书，船员职业是我们无法用一个确切词语来描述的，其中包含了酸甜苦辣，交织了艰苦、探索、牺牲、发现、科技、新奇、贡献、伟大和幸福。这是一个集艰辛、浪漫、光荣和梦想于一身的职业。但无论如何，船员是伟大的！

　　一路风雨，一路美景。世界各地都留下了他们的足迹，星辰大海是他们最好的伙伴。船员也是神秘的，让我们一点点来揭开船员的神秘面纱吧！

船员的贡献

　　船员虽然是一个小众群体,但他们却和人类社会的生存、发展息息相关。小到每个人类个体的衣食住行,大到国家社会的经济军事,都离不开船员的付出。船员的贡献主要包括以下几方面:

对全世界人民生存的贡献

　　世界经济一体化不断发展,国际航运业的运行安全和健康发展离不开船员的服务和贡献。国际海事组织前秘书长米乔普勒斯(E. Mitropoulos)先生曾这样评价海员这个职业:"没有海员对人类和世界的贡献,世界将有一半人会受冻,另一半人会挨饿。"

　　今天的世界经济是全球化的经济,约90%的世界贸易运输是通过海运实现的,约80亿人的生活离不开船员的贡献。随着经济的快速发展,各类资源的需求会越来越大,在贸易运输中,海运相比铁路货运、公路汽车货运、航空货运的运费低得多。这为海上石油、粮食、矿产和日用产品的运输提供了有利的竞争条件。时至今日,海上运输仍旧是各类资源的主要运输方式,通过海上运输的石油量占国际贸易总运量的三分之二以上。

　　目前世界上最大的散货船的载重量达到40万吨,相当于6 000多节火车车厢的运货量;30万吨的油船已经很普及,一艘这样的油船,相当于近万辆油罐车;最新的集装箱船可装载24 000个标准集装箱,载货量超20万吨,相当于2 000架一般运输机的运量。

船员曾是各国海军的后备力量

　　在美国独立战争期间,美国海军还十分弱小,仅仅是由一些性能落后的舰艇临时拼凑而成的,在其规模最大的时候,也只有64艘船,而且绝大部分都是小型船只。从理论上说,这支美国海军的力量相对于大英帝国的皇家海军来说,根本不值一提。但是,美国有着许多经验丰富的船员。这些船员以前一直在商船上从事海上贸易,他们改装了自己的船只,与美国海军并肩作战。这些改装后的武装民船一共有1 697艘,专门用于攻击英军船只。这些船员的行为极大地支援了美国海军的作战行动,也为美国最后取得独立战争的胜利做出了非常重要的贡献。

在世界反法西斯战争和抗日战争中,中国海员在国外和国内两个战场积极参加战斗,出生入死、不怕牺牲,为中国人民夺取抗战的胜利,为反法西斯战争胜利做出了重要的贡献。

今天,中国的海员仍担任着海军预备队的任务,如果有战争,中国海员将会担负起后勤补给、运输甚至作战的使命。

船员是航运业的复合型人才

国际一流航运公司的船长和轮机长都是从基层做起,经过长期实践,具有国际视野,得到国际认可的专业复合型人才。他们在船上是技术和管理的权威,在国内外的各个航运组织中,得到了广泛的尊重。当这些经验丰富的船员不在船上工作时,他们还可以在陆上担任引航员、验船师、各类海事检查官、海事院校的教师、船舶和设备研究机构的顾问、航运公司的管理人员等。

经济贡献

船员的经济贡献不能忽略。我国从事国际运输的海员约30万人,按照平均工资4 000美元/月,每年在船工作8个月计算,国际海员每年给国家带来的劳务收入可达约96亿美元。

菲律宾是海员劳务外派大国,据统计,2018年,约有40万海员活跃在国际劳务市场,菲律宾外派海员汇回国内的金额超过61.4亿美元,占菲律宾当年GDP的1.8%以上。

还有一些上岸的海员,被国外公司、船级社等公司和国际航运组织聘用,也在占领国际劳务市场,为国家赚取外汇。这些人占据的平台又会带动国内修船和造船、备件物料,以及检验等方面的就业和发展。

一艘船的正常运转离不开船员的辛苦劳动。最大的集装箱船,能装载24 000个标准箱,只配备20多名海员,但船舶造价高达10多亿元,所承载的货物价值更是超过10亿元。

海员尤其是高级海员承担着非常重大的经济责任,对于保证国家财产安全具有非常重要的作用。

2010年,国际海事组织在菲律宾马尼拉召开的《1978年海员培训、发证和值班标准国际公约》缔约国外交大会,将每年的6月25日命名为"世界海员日",以鼓励各国政府及航运组织向海员致敬,感谢其对人类和世界的贡献。

船员的定义

各国立法虽对船员所下的定义不完全一致,但不外乎有广义和狭义两种。

世界各国的法律规定广义上的船员是指受船舶所有人聘用或雇佣的,包括船长在内的一切在船任职人员。我国立法采用广义上的船员概念,《中华人民共和国海商法》第三十一条规定:"船员,是指包括船长在内的船上一切任职人员。"

我国2020年修订的《中华人民共和国船员条例》第四条规定:"本条例所称船员,是指依照本条例的规定取得船舶适任证书的人员,包括船长、高级船员、普通船员。"

狭义上的船员则是指受船舶所有人聘用或雇佣,受船长指挥且服务于船上的人员。狭义上的船员不包括船长在内。以英、美为代表的国家采取此做法,即把船长、船员分章规定。

船员的分类

根据不同的角度,船员的分类方法多种多样。通常按服务船舶航行区域、职务、责任级别、适任证书和部门分类。

按服务船舶航行区域分类

根据服务船舶航行区域分类,船员可分为海船船员和内河船员。

海船船员,又称海员,根据适任证书等级可分为无限航区船员和沿海航区船员。

根据服务船舶的总吨或主推进动力装置功率的不同,无限航区(含近岸航区)的船长、驾驶员、轮机长和轮机员又分为一等和二等。沿海航区(含近岸航区)的船长、驾驶员、轮机长和轮机员又分为一等、二等和三等。

(1)一等适任证书:适用于3 000总吨及以上或者主推进动力装置

3 000 千瓦及以上的船舶。

（2）二等适任证书：适用于 500 总吨及以上至 3 000 总吨或者主推进动力装置 750 千瓦及以上至 3 000 千瓦的船舶。

（3）三等适任证书：适用于未满 500 总吨或者主推进动力装置未满 750 千瓦的船舶。

内河船员，根据《中华人民共和国内河船舶船员适任考试和发证规则》规定，按照船员任职的内河船舶的总吨位或者主推进动力装置总功率分为三个类别：

（1）一类适任证书：适用于在 1 000 总吨及以上或者 500 千瓦及以上的内河船舶上任职的船员；

（2）二类适任证书：适用于在 300 总吨及以上至 1 000 总吨或者 150 千瓦及以上至 500 千瓦的内河船舶上任职的船员；

（3）三类适任证书：适用于在 300 总吨以下或者 150 千瓦以下的内河船舶上任职的船员。

按职务分类

按照职务不同，船员可分为船长、高级船员和普通船员。

高级船员又包括甲板部的大副、二副、三副，轮机部的轮机长、大管轮、二管轮、三管轮和电子电气员等。

普通船员包括水手长、水手、机工长、机工，还有大厨、厨工和服务员。

我国国有企业的船舶一般还配备政委。

按责任级别分类

按责任级别不同，船员可分为管理级、操作级和支持级。

管理级指保证正规地履行指定责任范围内的所有功能有关的责任级别，对应的职务包括船长、轮机长、大副和大管轮。

操作级指在管理级人员的指示下工作，按照规定的程序，履行指定责任范围内的所有功能保持或操作的责任级别，对应的职务包括二副、三副、二管轮、三管轮、电子电气员等。

支持级指在操作级或管理级人员的指示下工作，在海船上履行指定的任务、职责、责任等有关的责任等级，对应的职务包括水手长、水手、机工长、机工、厨师、服务员等普通船员。

按适任证书分类

根据《中华人民共和国海船船员适任考试、评估和发证规则》第九条，船员所持有的适任证书根据类别、等级、职务和适用范围分为甲、乙、丙、丁类四种。

（1）甲类适任证书适用于：无限航区 3 000 总吨及以上船舶的船长、大副、二副和三副；无限航区主推进动力装置 3 000 千瓦及以上船舶的轮机长、大管轮、二管轮和三管轮等。

（2）乙类适任证书适用于：近洋航区 3 000 总吨及以上船舶的船长、大副、二副和三副；近洋航区 500～3 000 总吨船舶的船长、大副、二副和三副，近洋航区主推进动力装置 3 000 千瓦及以上船舶的轮机长、大管轮、二管轮和三管轮等。

（3）丙类适任证书适用于：沿海航区 3 000 总吨及以上船舶的船长、大副、二副和三副；沿海航区 500 至 3 000 总吨船舶的船长、大副、二副和三副；沿海航区主推进动力装置 3 000 千瓦及以上船舶的轮机长、大管轮、二管轮和三管轮等。

（4）丁类适任证书适用于：近岸航区未满 500 总吨船舶的船长、大副、二副和三副，近岸航区主推进动力装置未满 750 千瓦船舶的轮机长、大管轮、二管轮和三管轮，近岸航区未满 500 总吨船舶的值班水手，近岸航区主推进动力装置未满 750 千瓦船舶的值班机工。

按部门分类

通常船员在船长和政委（我国国有企业的船舶通常配备政委）领导下按其职能分成甲板部、轮机部和事务部（如果事务部人少，可归入甲板部）。大副是甲板部的部门长，其下包括二副、三副、水手长和水手等。轮机长是轮机部的部门长，其下包括大管轮、二管轮、三管轮、电子电气员、机工长和机工等。管事是事务部的部门长，其下包括大厨、厨工和服务员等，人数较多的特殊船舶上还有医生等。船上组织结构如图 1-1 所示。

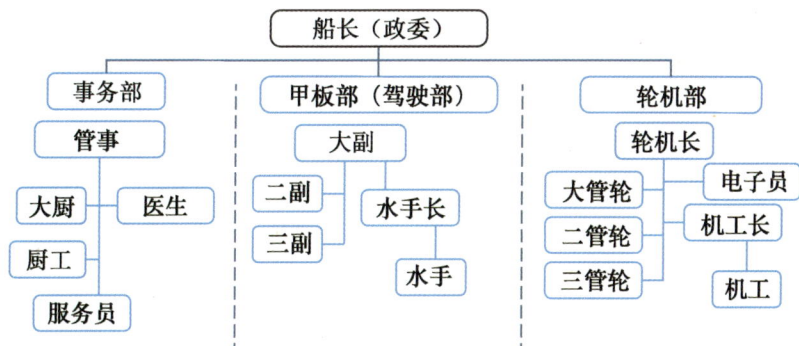

图 1-1　船上组织结构图

船员的配置

船员配置的依据

我国于 2007 年颁布实施的《中华人民共和国船员条例》基本形成了船员注册、培训、海员外派、权益保护等船员管理的法规体系。该条例中明确规定：年满 18 周岁，符合船员任职岗位健康要求，经过船员基本安全培训，并经海事管理机构考试合格的，就可以申请领取船员服务簿，注册为船员。经依法注册的船员，可以在船上担任二水、机工、厨师等职务。船长、大副、轮机长等参加航行和轮机值班的船员，除必须取得船员注册外，还应当经过适任培训和特殊培训，并通过国家海事管理机构组织的船员任职考试，取得相应的船员适任证书。

远洋轮船，无论是货船还是客船(载客 12 人以上的船舶属于客船，通常意义上的邮轮也属于客船)，如果单从船员配置角度来说，需要满足船旗国最低安全配员的要求[如《中华人民共和国船舶最低安全配员规则》(以下简称《船舶最低安全配员规则》)]并持有海事局签发的最低安全配员证书，申请船员适任证书也需要满足《中华人民共和国船员注册管理办法》的要求，经过海事局考试方可获得。船舶相应也需要按照 SOLAS 公约关于船员舱室及救生消防的要求为船员做相应配备。

表 1-1 为我国《船舶最低安全配员规则》中有关海船(一般船舶、客船)甲

板部最低安全配员标准。

表 1-1　我国海船(一般船舶、客船)甲板部最低安全配员标准

船舶种类	船舶吨位	一般规定	附加规定
一般船舶	3 000 总吨及以上	船长、大副、二副、三副各 1 人,值班水手 3 人	连续航行时间不超过 36 小时,可减免三副和值班水手各 1 人
	500 总吨及以上至未满 3 000 总吨	船长、大副、二副、三副各 1 人,值班水手 3 人	连续航行时间不超过 36 小时,可减免值班水手 1 人;连续航行时间不超过 48 小时,可再减免三副 1 人
客船	500 总吨及以上	船长、大副、二副、三副各 1 人,值班水手 3 人	连续航行时间超过 24 小时,须增加二副 1 人;连续航行时间不超过 8 小时,可减免二副和值班水手各 1 人

船舶配员主要包含两层意思:一是配备船员的数量符合《船舶最低安全配员规则》的要求;二是配备的船员必须经过相应的专业技术训练并持有合格的证书。由于船舶种类尺度、技术条件以及航行要素的不同,船舶配员数量也会相应随之变化,若船方未采取有效的保障措施,极有可能导致船舶配员不足。根据《船舶最低安全配员规则》(附录部分)中附加规定的相关要求,一旦船舶超过了规定的连续航行时间,须增加一定数量和职务的船员。

配员限制条件

《船舶最低安全配员规则》规定了船舶需配备船员的最低标准,那么船员配备数量有无上限呢?实际上是有的,船舶最高配员和以下几个因素有关:

船上救生设备配备限制

船舶所配备的船员不应该超出船舶相关证书中标注的救生设备可供总人数。

船员舱室限制

公司在船员数量的配备上要考虑船员舱室等生活条件的配备,避免出现船员生活条件不满足需要的情况。

船上设备的处置能力

公司在船员数量的配备上要考虑船上设备的处置能力的限制,例如生活污水处理装置的处理能力等。

船员的分工

船舶上有多种不同的工作岗位,岗位不同,工作内容与要求也就不同,需要有适任的船员来完成岗位工作。

一般来说,船上的船员和业务按部门可分为甲板部(驾驶部)、轮机部和事务部。

甲板部包括大副、二副、三副、水手长、木匠、一级水手和二级水手等,其负责人是大副。甲板部主要负责船舶航海,船体保养和船舶营运中的货物积载、装卸设备,航行中的货物照管;主管驾驶设备,包括导航仪器、信号设备、航海图书资料和通信设备;负责救生、消防、堵漏器材的管理;主管舱、锚、系缆和装卸设备的一般保养;负责货舱系统和舱外淡水、压载水和污水系统的使用和处理。

轮机部包括轮机长、大管轮、二管轮、三管轮、轮机助理、电子电气员、机工长、机工等,其负责人是轮机长。轮机部主要负责主机、锅炉、辅机及各类机电设备的管理、使用和维护保养;负责全船电力系统的管理和维护工作。

事务部包括管事、大厨、厨工、服务员、医生等,其负责人是管事。事务部主要负责全船人员的伙食、生活服务和财务工作。对于不设事务部管事的船舶,其人员划归甲板部。

远洋货船一般都在万吨以上,全船人员一般定员 19～24 人,除船长、政委外,一般为高级船员(8 人)、普通船员(10 人)、厨师(1 人)、服务员(1 人)。

各级船员的职责

船长

　　船长是船舶领导人,受船公司的委托,负责船舶的管理和驾驶。船长对船公司(船东)负责,是船舶安全生产、经营管理、航行工作、行政管理、应变指挥和涉外工作的负责人,并协同政委做好船员的思想政治工作。

　　船长应严格遵守有关各项国际公约和原则,以及地区性规定,尤其是国际海上防污染公约及各国有关防污染的规定;严格贯彻执行公司对船员的各项行政管理制度,领导船员严格执行岗位职责,保持船舶适航、适货状态和设备良好的技术状态,确保船舶的生产安全。

　　船长负责审批大副编制的货物配载计划,严格执行乘员定额和载重干舷规定,不得超载,并有权拒绝装运违反运输规则的货物。在装卸危险品、重大件或贵重物品时,船长应亲自监督,并对以下方面负责:负责审批各部门负责人制订的运输生产和维修保养方面的航次工作计划;负责组织全体船员制定和落实防火、防爆、防海盗、防偷渡、防走私等各项防范措施;负责审核并签署应变部署表,定期主持救生、消防等各种演习;负责审阅并签署航海日志,监督航海日志、轮机日志和电台日志的正确记载;负责保管船舶公章、重要文件、船舶证书、船员适任证书等,并且在证书到期前应及时申请检验或更换;负责填写并保管船史簿。

　　当船上有出生或死亡情况时,船长应予证明;当船上有罪犯时,船长有责任防止罪犯逃亡、隐藏并防止其销毁罪证,在到港时将罪犯及罪证一并送交公安机关;当受到军事威胁、挑衅和进攻时,船长应与政委慎重研究,并及时采取保护生命财产安全的有效措施,同时急电请示公司和港口当局做出决定。

　　开航前,船长应通知各部门负责人做好开航前的准备工作并督促二副做好以下工作:备齐并改妥所需海图和其他航海图书资料,制定出安全经济航线;落实航行计划,备足航次所需的燃料、物料、淡水、伙食等;检查各种船舶证书、船员证件、运输单证以及港口文件,并确认齐全,办妥离港手续。

　　航行中,船长应督促各部门负责人认真落实航前所制订的各项计划及措施,及早布置和落实防暴风、防台风、防冻、防碰撞以及雾航等情况下的安全生产措施。在船舶进出港口、靠离、移泊,通过狭水道、危险水道和船舶密集海域,航经冰区、礁区以及遇恶劣天气、能见度不良和遇敌情时,船长应上驾驶台亲自指挥或指导。即使有引航员引领,船长仍负有指挥的责任。夜间航行时,船长应将有关航行指示和安全注意事项明确记入"船长夜航命令簿",并且当值班驾驶员唤请时,能尽快到达驾驶台。

在停泊期间,船长应布置值班注意事项,并督促检查值班情况,合理地安排船员登岸或留船值班。

在船舶发生海损事故时,应按规定发出扼要海事声明或海事报告,连同航海日志摘要,一并在船舶抵达第一港口时送交有关部门签证,并按需要申请检验。

在船舶发生海难时,船长应积极领导和组织全体船员采取一切有效措施奋力抢救,并用急电报告公司。当确需救助时,应按规定呼救求援。当船舶确已无法挽救而决定弃船时,应按先旅客、后船员的原则,有秩序地安全、迅速离船。船长应督促有关主管船员携带必须携带的航海文件,并亲自携带国旗和航海日志最后离船。当接到他船的呼救信号或发现附近有人遭遇生命危险时,只要对本船没有严重危险,应该尽力救助。

在修船前,船长应认真审批各部门修理计划,检查进厂准备工作,做好防火、防爆、防工伤等工作。在修理过程中,船长应经常检查工程的质量和进度,严格监修和验收,保质保量地按期完成修船任务。

在接受新建、新购船舶时,船长应领导船员制订出接船计划和具体措施,做好对口交接工作,认真清点各种属具、备件、工具、资料、证书以及图纸和说明书等技术资料,按合同规定做好试车、试航和各种设备的验收工作,办妥各种船舶技术证书,部署受载或各项开航准备工作。

政委

政委是船舶领导人之一,受上级党委和行政双重领导,以党委领导为主,负责船舶思想政治工作和精神文明建设,并兼管部分行政管理工作。作为船舶党支部书记,还负责船舶党务工作。

大副

大副是船长的主要助手,是甲板部的负责人。在船长、政委的领导下,大副全面负责甲板部的工作。除航行值班并协助船长做好安全航行外,主管货物的配载、装卸、交接和运输管理以及甲板部的维修保养工作;贯彻执行上级指示和船务会议决定,制订并落实甲板部各项工作计划,保证本部门工作的安全优质、经济高效和部门间的良好协作。

大副须做好以下工作:负责编制甲板部的维修保养计划,组织甲板部人员做好维修保养工作;负责督促做好甲板部的备件、物料、工具和劳保用品的请领、验收、保管、使用、盘点和报销工作;负责每日检查淡水舱、压载水舱和污水沟(井)的测量记录并记入航海日志;负责安排淡水舱、压载水舱的注入、排出或移注工作,以及管理淡水的储量和消耗;负责按规定审阅和签署航海日志,检查并指导其他驾驶员的正确记载;负责保管航海日志和有关图纸、技术资料和业务文件;负责督促三副和水手长做好救生、消防、堵漏设备和各种应变器材的养护工作,按时进行各种应变演习并需在现场指挥。

装卸货时,大副须全面负责。在保证货物和船舶安全的前提下,大副充分利用船舶的装载能力,合理配载,不得超载,计算并保持良好的稳性和适宜的吃水差,布置有关人员监督装卸,防止发生货损货差。在装卸危险品、重大件、贵重物品时,大副应指定水手长检查装卸设备和绑扎、加固等情况,并亲临现场监装监卸。

开航前,大副负责检查装卸单证是否齐全,甲板部人员是否到船,以及淡水储备量、封舱、活动物件绑扎固定等情况,并会同轮机长(大管轮)、电子电气员试舵,确认良好并记入航海日志。

大风浪侵袭前,大副应督促水手长和木匠检查船上易移动物件并予以绑固,并亲自检查舱口的水密性和牢固情况,督促有关人员关闭货舱通风口和外侧水密门窗以及疏通甲板排水孔道。

进出港口、靠离移泊和抛起锚时,大副在船首负责瞭望,并按船长意图指挥安全操作,及时向船长汇报情况。

修船时,大副负责汇总和编制甲板部的修船计划,制定并落实各项安全措施,组织好监修、验收和自修工作,掌握修理进度和质量,争取缩短修期。

大副的航行和停泊的值班时间:0400—0800,1600—2000。

船长因故不能履行职责时,大副代理船长职务。

二副

二副在船长、大副的领导下履行航行和停泊值班的职责,主管驾驶设备,包括各种无线电航海仪器、气象仪表、操舵仪、天文钟和船钟、罗经、国旗、号旗、号灯、号型和海图及其他航海图书资料;按大副的指示管理货物装卸。

二副须做好以下工作:负责向新到任的驾驶员介绍仪器设备的性能和操作;负责张贴驾驶台规则、驾轮联系制度和重要仪器设备的操作说明。

开航前,二副应按船长指示备妥所需旗号、海图和有关航海资料并改正至最新,拟定好航线,并报船长审批,检查并启动有关助航设备。

航行中,二副负责跨时区拨钟,每天填写并与二管轮交换正午报告。航次结束后二副须及时填报航次报告。

进出港口、靠离移泊时,二副在船尾按船长的指示指挥船员进行靠离泊安全操作,并及时向船长报告情况。

修船时,做好所管项目的维修和验收工作,特别是在船舶进坞后和出坞前,应对测深仪的水下部分进行检查、保养和记录。

二副的航行和停泊的值班时间:0000—0400,1200—1600。

大副因故不能履行职责时,二副代理大副职务。

三副

三副在船长、大副的领导下履行航行和停泊值班的职责,主管救生、消防设备,并按大副指示管理货物装卸。

三副负责管理全船救生、消防设备和器材,并将其认真登记入册,定期检查、清洁、保养,更换淡水、食品和电池,使其处于有效使用状态,保持各种救生信号的有效期(属二副管理的除外),按规定向船员讲解救生、消防知识和各种设备、器材的操作使用方法。

开航前,三副按大副指示编妥船舶应变部署表及船员应变任务卡,并经大副审核、船长批准后公布执行。三副须张挂有关救生、消防的规章和图表,并及时向新到船员介绍应变岗位和具体职责。

船舶进出港口、靠离移泊、抛起锚时,三副在驾驶台协助瞭望,执行并记录车钟令,传达船长指令,记录重要船位及有关情况等。

船舶进出港口、靠离移泊、抛起锚时,三副在驾驶台协助瞭望,传达和执行船长命令,并操纵车钟,记录车钟令、船舶的主要动态和情况。

三副负责救生、消防设备及器材的养护和维修、厂修申报。修船时,三副须做好所管项目的自修、监修和验收,并完成大副指派的其他工作。

三副的航行和停泊的值班时间:0800—1200,2000—2400。航行中晚餐时,因大副用餐须替换半小时。

二副因故不能履行职责时,三副代理二副职务。

无线电电子员或操作员

在船长、政委的领导下,无线电电子员或操作员须负责管理和使用无线电通信设备,认真完成各项通信任务,并做好记录。21世纪之前船上还会配备专门的电报员,负责船上无线电通信工作。但随着全球海上遇险与安全系统

（GMDSS）的强制实施，驾驶员可以持有普通操作员证书。目前，船上的通信工作由持有相应证书的船长、驾驶员兼任，不必配备专门的电报员。

水手长

水手长在大副的领导下组织领导木匠和水手进行工作，其工作内容主要有：负责编制水手航行、停泊及瞭望轮值表；按大副指示安排水手进行船体和甲板部设备的维修保养，起落吊杆，开关舱，绑扎甲板货，清洁，以及装卸和靠离泊的准备工作；并管理甲板部物料、属具、绑扎器材和劳保用品，做好请领、验收、发放和清点等工作。

木匠

木匠在大副和水手长的领导下负责木工及有关工作：负责请领、保管和清点木工工具和物料；负责定期检查舷窗、水密门、导缆孔滚筒和救生艇吊柱等设备，并适时加油活络；负责每天至少两次测量淡水舱、压载水舱、污水沟（井）并做好记录；负责按大副或值班驾驶员指示添装淡水，联系机舱灌注、移注、排出压载水或排出货舱污水；负责操纵起锚机及其外部的清洁保养和给活络部分加油；负责在添装燃油前堵塞甲板泄水孔。

一级水手

一级水手在值班驾驶员和水手长的领导下，履行值班职责或参加维修保养工作。

值班时，一级水手应切实执行值班制度的各项规定，并做好以下工作：开航前做好试航，检查航行灯，备妥所需旗号等准备工作；航行中按要求正确操舵和转换操舵仪的工作状态，并负责驾驶台的整洁及有关设备的养护工作；不参加轮值时，在水手长的安排下，履行二级水手的职责。

二级水手

二级水手在水手长的领导下，参加系泊带缆，收放舷梯、安全网和引航梯，日常清洁和维修保养，起落吊杆和开关舱，清舱、洗舱，看舱理货，绑扎货物，拆装检查装卸属具，插编绳结，收放救生艇筏，消防、救生、堵漏、瞭望，以及大副、水手长安排的其他工作。

轮机长

轮机长在船长、政委的领导下,是全船机械、动力、电气(无线电通信导航和甲板部使用的电子仪器除外)设备的技术总负责人。轮机长负责以下工作:制定并落实各种机电设备的操作规程、保养检修计划和值班制度;船舶进出港口、靠离移泊、通过狭窄水道或在其他困难条件下航行时,应在机舱领导和监督值班人员操作,按照驾驶台的指令迅速、正确地操纵主机,并保持正常的工况参数;负责组织制订轮机部修船计划、编制修理单和预防检修计划,组织领导修船并验收;负责燃润料、物料、备件的申请、造册、保管和合理使用;负责保管轮机设备的证书、图纸资料和技术文件;负责检查和签署轮机日志和电机日志,指导相关轮机员或自己填写油类记录簿。在发生紧急事故时,轮机长负责指挥机舱人员进行抢修和抢救工作。

大管轮

大管轮是轮机长的主要助手,在轮机长的领导下,负责领导轮机部人员进行机电设备管理、操作、保养和检修工作,教育所属人员严格遵守工作制度、操作规章和劳动纪律,保证轮机部各种规章制度的正确执行。

大管轮须做好以下工作:负责管理主机、轴系及为主机直接服务的辅机;负责管理舵机、冷藏设备以及轮机部有关安全的设备(如应急舱底阀、燃油应急开关等);负责轮机部通用物料及本人主管机械设备的备件、润滑油的申领、验收和报销;负责机、炉、泵舱的清洁工作。

大管轮担任航行停泊值班,值班时间同大副的值班时间。

二管轮

二管轮在轮机长和大管轮的领导下须做好以下工作:负责管理发电原动机及为它服务的机械设备、机舱内部分辅机和轮机长指定的其他设备;负责加装燃油(驳油),并进行燃油的测量、统计和记录工作,到港前,还应将燃油存量送交轮机长。

二管轮担任航行停泊值班,值班时间同二副的值班时间。

三管轮

三管轮在轮机长和大管轮的领导下,负责管理甲板机械、救生艇艇机、各种泵浦、应急消防泵和应急发电机等应急设备、油水分离器和焚烧炉等船舶防污染设备、空调机、辅锅炉及其附属设备,以及轮机长指定的其他辅机和设备。对于不配备电子电气员的船舶,由三管轮负责管理全部电气设备。

三管轮担任航行停泊值班,值班时间同三副。

机工长

机工长应具有管理、操作和检修能力。在大管轮的领导下,机工长负责组织、安排机工值班以及机、炉、泵舱等处的清洁和日常维修保养工作。

机工

机工在轮机长、大管轮的领导下,在机工长的直接领导和安排下,协助轮机员或独立进行机、电、锅炉设备、管系、阀门等的检修、保养和清洁工作,并按规定时间值班。

管事

管事是事务部的负责人,是船长和政委对外联系的助手。在船长、政委的领导下须做好以下工作:管事负责组织领导事务部人员工作;负责船员和旅客的生活服务;负责办理联检、现金出纳和船员工资等工作。

大厨

大厨在管事的领导下,领导和分配厨房人员工作,并协助管事采购、储备和保管粮食、副食品和餐膳用料,保证厨房及食品的清洁卫生。

厨工

厨工是大厨的助手,在大厨的领导下,负责炉灶、仓库和膳食等工作。

船医

船医在船长、政委的领导下,负责全船的医疗工作,并协同大副监督船舶的清洁卫生工作,保证全体船员和旅客的身体健康。对于不配备船医的船舶,船医工作由大副(或船长指定持有高级医护证书的船员)兼任。

服务员

服务员在管事的领导下，负责船员、旅客的服务工作。

各级船员的肩章如图 1-2 所示。

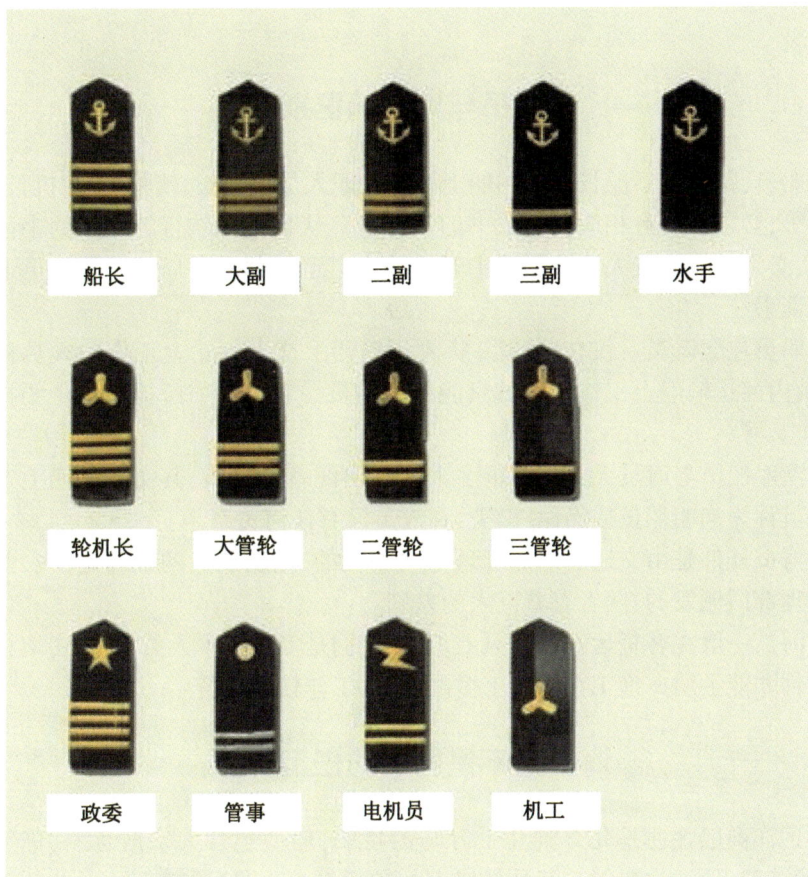

图 1-2　各级船员的肩章

一些对船员定义的常见误区

船员与海员的区别

船员,是指包括船长在内的船上一切任职人员。船长、驾驶员、轮机长、轮机员等,必须由持有相应适任证书的人担任。从事国际航行的船舶的中国籍船员,必须持有中华人民共和国主管机关交通运输部海事局颁发的海员证和有关证书。

船员包含海员。仅在(海运)货轮运输船上或者邮轮上工作的人员称为海员;内河运输船上工作的人员只能称为船员。后续本书所提船员主要指海员。

渔船船员与海员无关。有很多人认为出海就是打鱼,其实在渔船上工作的人员称为渔船船员或渔民、渔夫,和海员没有任何关系。

海员证件是由交通运输部管理部门颁发的,渔船船员的证件是由农业渔监管理部门颁发的,两者有着巨大的差别。

海员一般在客货运输的船只上工作,他们是专业技术人员,需要考取相应的证件才能上船。渔工在渔船上撒网捕鱼,工作较为辛苦。

海员是不是船上的搬运工?

远洋商船往往是几万到几十万吨的货船,船型包含大宗散货船、集装箱船、滚装船、原油油船等。海员是船上的护船航行人员,是船上的专业技术人员。船舶靠港后,装卸货工作是由港务局码头工人操作岸吊来完成装卸货的。

海员就是水手吗?

海员是海船上工作人员的统称,不仅仅是水手。水手是海船上的普通船员,属于甲板部的重要组成部分之一。海员既包括水手,又包括船长等其他人。

我有渔船船员证，能上货船吗？

只持有渔船船员证而未取得海员证的船员是不能上货船。渔船船员证是由农业渔监管理部门颁发的。海员证是由交通运输部管理部门颁发的。

成为海员要取得哪些证书？

海员证书包括专业类和身份类两大类。海员专业证书又分为两类：第一类俗称小证，包括 Z01、Z02、Z04、Z05、Z07、Z08；第二类俗称大证，即相应职务的适任证书。身份类证书包括海员证和护照等。不同职务的适任证书有区别。海员证是在小证的基础上办理出来的证书，每个职务都是一样的，拥有这个证书只是表明持证人的海员身份，不能区分海员的职务等级，我们可以把海员证理解为海员护照。不同的职务有不同的职务适任证。值得注意的是，每一种航区类别不同，证书也是分级别的，有甲、乙、丙、丁之分。

没上过大学可以当国际海员吗？

面向社会招募的海员，是普通海员里的职位招聘，初中以上学历即可。身体条件符合要求，无传染疾病、色盲、色弱，精神正常，政审合格即可。面向社会招募的职务有：机工、水手、大厨、铜匠、服务生。这些职务就是船上最基层的职务，其中机工、水手以后可以晋升领导层。但未来成为船长、轮机长等管理级的船舶领导则需要有专业院校的学历。服务生可以晋升为大厨。其中大厨必须要有厨艺经验。铜匠必须要有焊工技术基础。

第二章

著名的航海家

在人类历史的长河里，出现了许多著名的航海家，他们演绎了无数传奇的故事，为人类的进步和发展做出了巨大贡献。尽管大航海时代已经过去，但他们身上不畏艰难、勇于探险的精神仍然激励着我们。

中国古代著名的航海家

中华民族的航海活动早在新石器时代就已经开始了。它是人类迈向海洋的第一步，显示了蒙昧时代人类的勇气和智慧。这种勇气和智慧代代相传，并被发扬光大，成为中国海员共有的优秀基因，推动着这一群体不断创造着每一个时代的航海伟业。

人类驾驭海洋的历史第一人——秦朝徐福

徐福（见图2-1），也称徐市，字君房，生于战国末期的齐国，秦代著名方士，相传他是鬼谷子先生的关门弟子。他博学多才，通晓医学、天文、航海，在沿海一带民众中名望甚高。秦汉时期，航海事业得到了蓬勃发展，不仅沿海航线畅通无阻，也开辟了远洋航线，海上丝绸之路就开始于这一时期。秦统一后，徐福得到秦始皇的资助，率领数千人的船队出海，东渡瀛洲，为皇帝寻找长生不老药，航至日本并定居下来。

徐福东渡之事较早见于《史记·淮南衡山列传》，其中包括徐福到蓬莱与海神的对话以及海神索要童男、童女作为礼物等事，一般认为这是徐福对秦始

图 2-1　徐福画像

皇编造的托词，还记载了徐福再度出海携带了谷种，并有百工随行。这次出海后，徐福来到"平原广泽"（可能是日本九州岛），他感到当地气候温暖、风光明媚、人民友善，便"止王不来"，停下来自立为王，教当地人农耕、捕鱼、捕鲸和沥纸。《史记·淮南衡山列传》中的记载与《秦始皇本纪》稍有不同，后者称徐福并未开始就带数千童男、童女入海，而是在寻访仙家多年未果的情况下，再度出海时率数千童男、童女出海。关于徐福所要寻访的蓬莱、方丈、瀛洲三座仙山，《史记·封禅书》中只是说在渤海中，并不能确定具体位置。而平原广泽在何处，更是无从考证。

在中国，自汉以来历代文人墨客以此为题材撰文赋诗的不在少数。一生喜好探幽访奇的浪漫主义诗人李白，其《古风（其三）》赋的正是"徐市载秦女，楼船几时回"；宋朝欧阳修的一首《日本刀歌》也曾描述了徐福东渡对于中日文化交流的积极影响；元朝的吴莱热衷于徐福传说，他泛舟东海，寻访古迹，写下了著名的《甬东山水古迹记》，把徐福在舟山群岛中的遗迹一一记录下来，并写下了《听客话蓬莱山紫霞洞》《听客话熊野徐福庙》等诗篇；明朝的宋濂、李东阳，清朝的黄遵宪等也都以此为题材，创作了流传千古的诗篇。

徐福东渡，体现了中国古代航海家高超的航海技艺和智慧，同时也体现了其不畏艰险、一往无前的勇气。作为航海家的徐福和他的船员，书写了我国古代航海史光辉的一页。

经陆路到达印度并由海上回国的高僧——东晋法显

法显(见图 2-2)是中国东晋时代的高僧,也是中国著名的旅行家和翻译家。在下定决心取道西域而深入天竺(古代对于印度的称呼)的僧人中,法显是最早顺利完成这个目标并且顺利归来的人。追记他的全部旅程的《佛国记》,无疑是世界上最早的万里远游游记。

图 2-2　法显画像

后人根据《佛国记》的记录,推测出了法显大致的航线以及启航的时间,后人得知法显也赖于《佛国记》。

法显 65 岁时,从中国的长安(今西安)出发,花了六年时间,通过陆路到达印度的北天竺和中天竺地区,当他抄录了印度的佛经之后,又渡海西南行到师子国(今斯里兰卡),继续学习抄经和画像。然后,从海上历尽艰辛,最终辗转回国,这就是他光荣并且伟大的航海经历。

在法显之后,涌现出一大批不畏艰险去往印度求学佛法的中国僧人,如唐代高僧玄奘。中国人对玄奘可谓耳熟能详,因为他不但是《西游记》中唐僧的原型,更是《大唐西域记》的作者(由唐代玄奘口述、辩机所撰)。

海上旅行家——唐代杜环

杜环是历史上第一个到达地中海沿岸并留下名字的中国人,也是第一个走完当时陆上丝绸之路和海上丝绸之路全程的著名的旅行家,他的全部行程约八万里,留下了《经行记》。

在杜环所处的这一时期,唐朝和中亚、西亚以及非洲各国的往来极为频繁,这种频繁的交流和友好往来,大大加强了各国人民之间的相互了解,促进了中外经济文化的交流。

七下西洋——明朝郑和

郑和(见图2-3),是中国古代最伟大的航海家。郑和下西洋,是明初的一大盛事,也是中国乃至世界航海史上规模最大、持续时间最长、影响最为深远的航海活动。

图 2-3 郑和画像

朱元璋建立明朝以后,卅始注重和四邻建立友好的关系。到了永乐帝时期,对于下西洋的人选,永乐帝做了慎重的考虑并最终选择了郑和。

郑和历经无数次的艰难险阻,在二十八年的航海生涯中先后七次下西洋,到达东南亚、南亚、伊朗、阿拉伯半岛、非洲东海岸和红海沿岸共三十多个国家和地区。郑和下西洋打通中国至东非海岸全程的海上交通,约一万三千多海里。

郑和统率船队下西洋,一般每次普通船只达二百六十余只,大中巨型宝船六十余只,宝船估计共为一千五百吨级,船队规模约二万七千人。

郑和下西洋,比其他国家的航海家远航早了近百年。在人数、船队规模、舰船质量方面都远远超过了此后欧洲中世纪的航海舰队。

《明史·郑和传》记载,郑和出使过的国家或地区,共有三十多个。郑和奉命出使,是为与西洋各国建立友好关系,创造良好的国际环境而进行的。郑和来到南洋以后,以强大的武装力量,告诫那些"喜战好斗"的岛国:"循礼安分,勿得违越;不可欺寡,不可凌弱。"郑和在下西洋的过程中,为解决东南亚各国之间的矛盾和建立亚非国家区域间的和平局势,做出了不懈的努力,获得了很大的成功,随着海外诸国间种种复杂矛盾逐步被解决,"海道由是而清宁,番人赖之以安业"。亚非国家间的贸易交往、文化交流,尤其是中国和沿途国家的贸易往来、中华文化的向外传播,也在这种和平局势下得到了进一步的发展。

中国近现代著名的航海家

第一位出任外洋轮船长的中国人——陈幹青（1891—1953）

1911年,陈幹青(见图2-4)考取国立商船专门学校。不久武昌起义爆发,学校停课,陈幹青响应革命,剪掉辫子,参加学生军。清王朝被推翻后,陈幹青重新入学。毕业后,由于当时我国航海主权受英国人控制,远洋轮的船长、大副、二副及轮机长等要职都由外国人把持,陈幹青愤归故乡开店经营南货。次年,欧战激烈,外国驾驶员纷纷回国,于是陈幹青重新当上了海员,任华商"升安"轮三副,后又调任"肇兴""升利"等轮二副、大副,航行于沿海各港及越南、菲律宾、日本、苏联等地,在航海界崭露头角。

"肇兴"号曾在厦门港外海面遭遇强台风袭击。当时狂风骇浪、大雨倾盆,船上货物翻滚,船台被摧毁,烟囱倾倒,而"肇兴"号又触礁漏水,陷入险境。陈幹青作为二副临危不乱,一面命令船员堵漏抢险,一面亲自驾驶轮船,以高超的技术把即将沉没的危船停在浅滩处,在狂风暴雨中坚持了整整一夜。天明后风势转弱,危船得以脱险。

陈幹青以精湛的业务知识突破外国人的阻拦,升任"升利"轮船长,成为中国第一个外洋轮的船长,结束了由外国人垄断外洋轮船长职务的局面。之后,陈幹青升任肇兴轮船公司总船长,掌船30余艘,这是首次由中国人任总船长。任职期间,陈幹青积极引荐中国驾驶员。

1928年,陈幹青被推举为中国商船驾驶员总会会长,同时筹创肇泰水火

图 2-4　陈幹青

保险公司并任经理。

　　1929 年 9 月,陈幹青由中国总商会推举,作为中国代表出席专门讨论国际海事问题的第十三届国际劳工大会。陈幹青提出"欲改善海员之待遇,会员国必须先要互相尊重彼此领海、内河的航海主权",呼吁凡在中国享有领海及内河航行权,而于中国航业有碍者,即行改正。提案虽未被受理,但起到了揭露、抗议帝国主义侵犯我国航权的作用。

　　1932 年,陈幹青首次提议并创立中国海上意外保险公司,以保障船员利益,填补了中国船舶保险空白,之后,陈幹青出任公司的董事长兼总经理。

　　1935 年,陈幹青任上海引航员资格审查委员会委员,他录用中国人为引航员,打破了洋人对港口引航员一职的垄断。

　　抗日战争期间,陈幹青坚持民族气节,毅然辞职,并拒绝了汪伪交通部以厚酬邀他出任航政司长的聘请。他说:"人生上寿,不过百年,与其富贵而遗臭,不如清贫而流芳。"抗日战争胜利后,陈幹青复致力航海事业,任上海市轮船业公会理事、上海港船舶碰撞处理委员会委员等职。中华人民共和国成立后,陈幹青任中国人民保险公司总公司海损顾问、上海港务管理局船舶碰撞委员会委员,还承接共同海损理算、船舶检验和船舶估价的业务。

　　陈幹青热心于发展中国的航运事业,1931 年任崇明轮船公司董事兼协理,出资招股,并亲自设计、监造当时有相当水平的长江客货轮"天赐"号。1946 年 12 月,他创办了惠崇轮船公司。1953 年,陈幹青病逝于上海,享年62 岁。

中国第一位引航员——马家骏

马家骏(见图 2-5),1892 年出生于上海青浦县(今青浦区)观音堂聚龙桥村,1970 年 11 月 21 日去世,享年 78 岁。马家骏是中国近代著名航海家。马家骏是 1914 年吴淞商船专科学校第一期毕业生,1917 年任上海英商太古轮船公司"武昌"轮代理二副。第一次世界大战结束后,该公司参战的英籍船员陆续返沪复职,中国船员受到排斥,马家骏进入哈尔滨戊通轮船公司,先被派到松花江和黑龙江调查航务,后任"海城"轮大副;1921 年开始在肇兴轮船公司的"华利"号、"肇兴"号和"和兴"号等轮船任二副、大副;1928 年加入轮船招商局,同年 7 月任招商局 1 500 吨级的"图南"号船长,并被评为甲级船长。这是轮船招商局自成立以来首次由中国人担任海船船长职务。

图 2-5　马家骏

九一八事变爆发后,日本军国主义操纵国内舆论,污蔑中国首先挑起事端,日本社会对待旅日华侨的态度逐渐恶劣。我国在日本的华侨有 3 万余人,大批华侨被解雇,这些侨胞在日本的生活面临严重困难,纷纷回国。留日的部分华侨生活困难,无力承担回国的旅费。对于这部分侨胞,国民政府赈务委员会首先拨款一万元给驻日使馆,用于解决侨胞的生活问题,同时国民政府指令交通部会同外交部协商派船赴日接侨事宜。经过协商,决定首先派船去横滨接侨,交通部命令轮船招商局选派船赴日接侨。轮船招商局最终选用"新铭"号轮船,同时选派航行经验丰富的马家骏为船长。

1931 年 11 月 30 日,"新铭"号从上海启程,船上海员全部为中国人,5 日下午抵达横滨。到达横滨后,搭载华侨 891 人,得知神户还有大批华侨等候回国,7日中午马家骏命令驶往神户,搭载334人,合计两地共搭载1 225名华侨、行李2 000余件。12月9日下午四点,"新铭"号从神户开航,12月13日返回上海,成功地完成了此次接侨任务。

在抗日战争期间,汪伪政权开办的中华轮船公司聘请马家骏出任沪甬航线船长,他以"耳聋眼花"为由予以拒绝,宁愿蜗居乡下过清苦的农家生活。

1945年《引航法》颁布后,交通部航政局在上海设立"淞沪区引航办事处",计划接管上海的引航管理工作。但美国方面建议仍旧交给海关管辖,国民政府最初同意了美方的建议,但要求1948年元旦必须移交中国管辖。1947年9月,中国商船驾驶员总会发起收回铜沙引航权的斗争。金月石、马家骏、秦铮如等18名船长呼吁组织上海铜沙引航公会,要求收回国家主权,不许外国引航员任意出入中国港口。此时,上海航政局局长是黄慕宗,他是天津港第一个中国引航员,他大力支持此次提议,后经航运界人士的一致努力,该引航公会终于诞生,随即被批准开展引航业务。1947年10月2日,马家骏船长成功地引领中国油轮股份公司的万吨级油船"永洪"号出海开往伊朗。当时上海各报竞相报道此事,赞誉此举为"国人引航第一步,马家骏船长首开记录"。

英勇的轮机长——沈祖挺

沈祖挺(见图2-6),出生于1905年10月7日,浙江省定海县(今定海区)南门外东港浦镇,1970年6月10日不幸去世,享年65岁。

图2-6　沈祖挺

沈祖挺原名沈阿方,早年读过三年私塾,1919年春在上海瑞镕机器制造厂充当学徒,后陆续在上海鸿昌机器厂、上海培林蛋厂、上海德商汉运洋行做技工。1924年8月,他进入上海亚细亚火油公司,先后担任三管轮、二管轮和大管轮。1932年2月,他加入中国海关,担任海关巡船轮机员、代轮机长职务。1941年8月—1942年2月,他在香港内孖治洋行的"伊朗"号(Iran)上担任轮机长职务,同年加入英国武装商船队。1943年8月,他在英国伦敦哈德利轮船公司所属的"雷贝利"号(Radbury,3 614吨)上担任轮机长职务。

1944 年 8 月 12 日,"雷贝利"号满载一船煤炭从莫桑比克的洛伦索马克斯港驶往肯尼亚的蒙巴萨港,"雷贝利"号是一艘建造于 1910 年的老式蒸汽机船,船上共 55 人,除船长、报务员、3 名驾驶员、6 名海军护航员是英国人外,其余均为中国海员,沈祖挺担任轮机长职务。8 月 13 日,"雷贝利"号被德国潜艇 U-862 号击沉,船长和 18 名海员以及 1 名炮手遇难。沈祖挺是幸存船员中级别最高的高级海员,大家一致推举他领导和指挥幸存的 35 名海员。沈祖挺指挥大家乘一艘救生艇漂流到一座荒岛——欧罗巴岛。在这荒无人烟、缺粮断水的小岛上,沈祖挺不畏艰险,组织海员生产自救,过着现代"鲁滨逊"式的生活。一直到 10 月 27 日才被英国皇家海军护卫舰"Linaria"号救起,其间有 3 名海员和 1 名护卫队员冒险出海寻求救援,但只有 1 名生还。1947 年 7 月 4 日,英国政府将 1 枚英帝国官佐勋章(O.B.E)授予中国籍轮机长沈祖挺,以褒奖其在第二次世界大战中的英勇表现。

沈祖挺获救后被英国送往印度加尔各答,当时在印度的中国海员约有6 000 人,这些海员都是因战争的原因滞留印度的,国民政府把他们组织为"中国海员战时留印工作队",1945 年 7 月,任中国轮机师工会驻印分会会长,8 月任中华海员工会驻印分会理事、海员福利社总干事。

驾驶第一艘悬挂五星红旗的轮船船长——方枕流

方枕流(见图 2-7),1916 年出生于上海,1991 年 6 月 12 日在大连去世,享年 75 岁,中国著名远洋船长、航海家。

图 2-7　方枕流

方枕流 1938 年毕业于上海海关总署税务专科学校,先在上海海关巡工司的"流星"轮做驾驶员。太平洋战争爆发后,因不愿在日本控制的海关船上工作,他从烟台前往国民党统治的大后方重庆,1944 年 6 月被重庆海关总署派到万县海关任稽查员。抗日战争胜利后,方枕流与人联名上书当局,反对再由洋人到中国海关船上任职,在其意见遭到冷遇后,愤然辞去海关职务,到三北轮船公司"鸿利"轮上担任大副。1946 年 11 月,他任招商局"海湘"轮船长,不久又改任"海辽"轮船长。

1949 年 4 月,南京解放后,"海辽"轮被急于溃逃的国民党军京沪杭警备司令部征用。同年 9 月,方枕流接到香港招商局命"海辽"轮去汕头运送国民党兵去舟山的调令后,及时与中共地下党员刘双恩进行了秘密会晤,决定举行起义,并对起义的整个行动方案进行了周密研究。9 月 19 日,方枕流在"海辽"轮驶离香港后,立即召开船员大会宣布起义,并连夜涂漆盖住船体上所有招商局的标志,将"海辽"轮伪装成外轮。之后又运用无线电通信做掩护,以虚报船位的方式争取了时间。经过 8 天 9 夜的惊险航行,终将该轮驶进大连港,胜利完成了招商局船舶首举义旗的任务。同日,方枕流加入了中国共产党。"海辽"轮起义成功后,毛泽东致电方枕流和该轮的全体船员表示祝贺。大连轮船公司专门对"海辽"轮起义进行了评功,方枕流荣立特等功。"海辽"轮起义是由中国共产党地下组织直接领导的第一艘海轮起义,方枕流也因此成为海轮起义船长第一人,在中国海员史上留下了光辉的一笔。在"海辽"轮的带动下,香港招商局所属海厦、蔡锷、教仁、鸿章、海康、海汉、成功、邓铿、登禹、林森、民 302、民 312 和中 106 等 13 艘海轮于 1950 年 1 月 15 日亦宣告起义。

中国的鲁滨逊——潘濂

潘濂(见图 2-8),英文名为 Poon Lim,第二次世界大战期间在盟军商船上工作的中国海员之一,所在商船被德国潜艇击沉后,独自一人在海上漂流 133 天后获救生还,有"中国的鲁滨逊"之称。潘濂 1918 年 3 月 8 日出生于海南,1991 年 1 月 4 日在美国布鲁克林去世,享年 72 岁。

1942 年 11 月 23 日,英国边航(Ben Line)的轮船"贝洛蒙"号(Benlomond)在从帕拉马里博驶往纽约的途中,被德国潜艇 U-172 击沉,船上共有 54 人,潘濂担任二等膳务员,当船被击沉时,除潘濂登上一艘救生筏获救外,另外还有 4~5 名海员登上另一艘救生筏,后来只有潘濂一人生还。历经 133 天的千辛万险,潘濂独自一人乘坐救生筏绝地求生,终于在 1943 年 4 月 6 日抵达巴西海岸,被渔民救下。英国国王乔治六世授予他大英帝国勋章,赞扬他"在木筏上的历经漫长、危险和充满巨大困难的日子里所表现出的罕见勇气、刚毅精神和克服困难的应变能力",英国皇家海军将他的经历写成野外生存

30

图 2-8　潘濂

手册。

劳模船长——贝汉廷

贝汉廷(见图 2-9),出生于 1926 年 4 月,1951 年毕业于上海航务学院(原上海吴淞商船专科学校)航海系,后历任"和平"号、"友谊"号等轮船大副、船长,培养航海人才甚众。他于 1979 年加入中国共产党,曾获上海市劳动模范(1979 年和 1982 年)、全国劳动模范(1979 年)等称号,1982 年当选第六届全国人大代表。1985 年,贝汉廷抱病远航联邦德国、英国,返航途中病逝于西班牙克罗那城附近海域。

贝汉廷是中华人民共和国成立后的第一代远洋船员,他热爱祖国的航海事业,刻苦钻研业务,并以非凡的毅力自学了英语和法语,很快成长为一名有经验的远洋船长。他先后驾驶了 15 艘远洋轮船,到过 40 多个国家的 80 多个港口。30 多年的时间,他为发展祖国的远洋运输事业倾注了全部心血,做出了不平凡的贡献。1961 年,贝汉廷作为中国远洋货轮"和平"号船长,先后与兄弟船队驶入非洲、亚洲各港,开辟了中华人民共和国成立后最早的远洋运输航线。

1979 年 3 月,作为中美恢复海运通航的友谊使者,"柳林海"轮从上海启航首航美国西雅图港,贝汉廷受命担任船长,指挥"柳林海"轮圆满完成首航任务。

1978 年 4 月,天津化纤厂从联邦德国进口的成套设备急需从汉堡港运回

图 2-9　贝汉廷

天津。贝汉廷组织驾驶员们精心设计配载，将全部成套设备奇迹般装上"汉川"轮，这在德国人心中被认为是不可能完成的事情，这一行为轰动了汉堡港。德国人赞叹道："杂货船货物装到这种水平在汉堡港还是第一次。"

1981 年 4 月，贝汉廷船长在荷兰鹿特丹港再次指挥"汉川"轮，成功将 6 000 多立方米、34 大件成套设备有条不紊地装载在舱盖板上，这又一次震惊了西欧，联邦德国记者专程赶来拍摄纪录片。

1978 年 12 月 12 日，塞浦路斯籍货船"艾琳娜斯霍浦"号在地中海遇险，途经此海域的"汉川"轮在贝汉廷船长的指挥下，冒着狂风暴雨，成功将遇险船上的 16 名船员和 1 名家属全部救起。为了来往船舶的航行安全，贝汉廷船长打开所有照明，将"汉川"轮当作航标守在遇险船边一个通宵，先后用无线电话警告了 6 艘船只及时避让遇险船。贝汉廷船长及"汉川"轮船员这种崇高的国际人道主义精神和高尚的行为，不仅令获救船员感恩不尽，更获得了国际友人的高度赞誉，欧洲许多国家的报纸对此做了报道。

外国著名的航海家

国外著名的航海家主要包括哥伦布、麦哲伦、迪亚士、达·伽马、詹姆斯·库克等。

新大陆发现者——哥伦布

克里斯托弗·哥伦布(见图 2-10),是意大利探险家、航海家,大航海时代的主要人物之一,也是地理大发现的先驱者。他从小爱读《马可·波罗行纪》,幻想能去东方世界。1492 年在西班牙国王的资助下,哥伦布率领"圣玛丽亚"号横渡大西洋。后来他又三次西航,到达美洲一些地区,在哥伦布 1492 年的第一次航行中,他在巴哈马群岛的一个叫作"圣萨尔瓦多"的地方登陆,而不是计划中的日本登陆。在后来的三次航行中,哥伦布到达过大安的列斯群岛、小安的列斯群岛、加勒比海岸的委内瑞拉,以及中美洲,并宣布它们为西班牙帝国的领地。1506 年 5 月 20 日,哥伦布逝世。

图 2-10 哥伦布

尽管哥伦布不是第一个到达美洲的欧洲探险家,但他的航海第一次使欧洲与美洲持续接触,并且开辟了后来延续几个世纪的欧洲探险和殖民海外领地的大时代,这些对现代西方国家的历史发展有着不可估量的影响。

哥伦布为了实现自己的计划,到处游说了十几年。直到 1492 年,西班牙女王伊莎贝拉慧眼识英雄,她说服了国王斐迪南二世,才使哥伦布的计划得以实施。因为西班牙王室看到了有可能在与对手的有关亚洲的高利润的香料贸易的竞争中取得先手的前景。

1492 年 8 月 3 日,哥伦布受西班牙女王派遣,带着给印度君主和明朝皇帝的国书,率领三艘百十来吨的帆船,从西班牙巴罗斯港扬帆出大西洋,直向正西航去,经七十个昼夜的艰苦航行,终于在 1492 年 10 月 12 日凌晨发现了陆地(属于中美洲加勒比海中的巴哈马群岛),他将它命名为圣萨尔瓦多。圣萨尔瓦多便是救世主的意思,这个救世主拯救了刚刚兴起的欧洲,但是也许在改变历史的同时,也给其他大洲带去了灾难。

之后,他又登上了美洲的许多海岸。直到 1506 年逝世,他一直认为他到达的是印度。

后来,一个叫亚美利哥·维斯普西(Americ Vespvck)的意大利航海家,经过更多的考察才知道哥伦布到达的这些地方不是印度,而是一个原来不为多数欧洲人所知道的大陆,并用自己的名字为它命名为美洲(Americas)。

哥伦布并不是最早发现美洲大陆的人。"新大陆"只是对哥伦布和西方人而言的,对美洲原住民印第安人来说并不是新大陆。他们早在四万年前就已经到达美洲大陆,大约是在从亚洲渡过白令海峡到达美洲的,或者是通过冰封的海峡陆桥过去的。

不管是哥伦布还是其他西方人登上的美洲大陆,都不是"首先发现",在他们来之前这里不仅有几千万的居民。美洲原住民本身就是远古时期从亚洲迁徙过去的。中国、大洋洲的先民航海到达美洲也是极有可能的,但这些都不能改变哥伦布发现新大陆的重要意义。哥伦布的发现对世界产生了当时人所料想不到的巨大影响,也成为人类历史发展的重要转折点。

完成环球航行第一人——麦哲伦

麦哲伦(见图 2-11)是继哥伦布之后最著名的航海家。

1480 年,麦哲伦出生于一个没落的葡萄牙贵族家庭,20 多岁参加远洋航行,不久便升为船长。他相信地圆说,决心进行环球航行。1519 年 9 月,在西班牙国王的资助下,麦哲伦率领 250 名船员和 5 艘船从西班牙起航,开始了环球远洋探险。

麦哲伦和他的船员们花了三年的时间完成了人类历史上的第一次环球航

图 2-11　麦哲伦

行。这次环球航行为地圆说提供了确凿的证据,对后世航海和科学事业做出了贡献。

南美洲最南端有一海峡,是沟通大西洋和太平洋的重要航道,1520 年 10 月 21 日至 11 月 28 日,麦哲伦船队在该海峡航行,为纪念这位伟大的航海家,故命名该海峡为麦哲伦海峡。

此后他们历尽艰辛,于 1521 年 3 月抵达菲律宾群岛,麦哲伦在一次岛上内乱中被杀死。他的助手带着仅存的两艘船,又辗转一年多,于 1522 年 9 月返回西班牙,此时整个船队仅剩下 1 艘船和 18 名船员。

好望角发现者——迪亚士

15 世纪 80 年代以前,很少有人知道非洲大陆的最南端究竟在何处。为了弄明白这一点,许多人雄心勃勃地乘船远航,但结果都没有成功。作为开辟新航路的重要部分,西欧的探险者们对于越过非洲最南端去寻找通往东方的航线产生了极大的兴趣。因此,迪亚士(见图 2-12)受葡萄牙国王若昂二世委托去寻找非洲大陆的最南端,以开辟一条往东方的新航路。经过十个月时间的准备后,迪亚士找来了四个相熟的同伴及其他伙伴一起踏上这次冒险的征途,并于 1487 年 8 月从里斯本出发,率领两艘武装舰船和一艘补给船,目的是沿着非洲西海岸向南驶去,绕过非洲,打开一条通往印度的航路。

迪亚士率船队离开里斯本后,沿着已被他的前几任船长探查过的路线南下。过了南纬 22 度后,他开始探索欧洲航海家还从未到过的海区。大约在

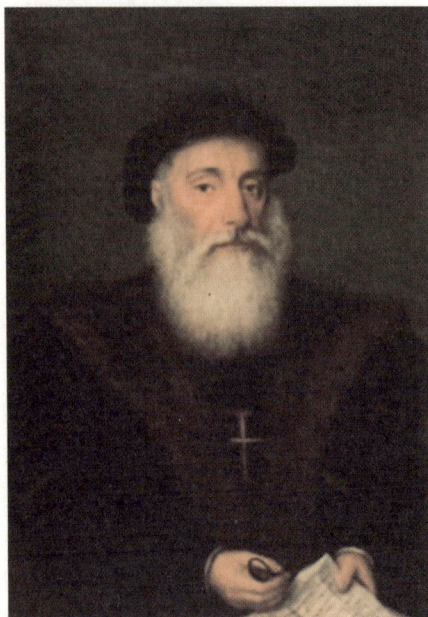

图 2-12　迪亚士

1488 年 1 月初,迪亚士航行到达南纬 33 度线。1488 年 2 月 3 日,他到达了今天南非的伊丽莎白港。迪亚士明白自己已经找到了通往印度的航线。为了印证自己的想法,他让船队继续向东北方向航行。三天后,他们来到一个延伸海洋很远的地角,迪亚士把它命名为"风暴角"。1488 年 12 月,迪亚士回到里斯本,向葡萄牙国王报告了其航海过程。国王非常高兴,可又觉得"风暴角"这个名字不太吉利,于是把它改名为"好望角",意思是绕过这个海角就有希望到达富庶的东方了。

1500 年 5 月,一些喜欢通过研究星象来判断未来命运的船员看见一颗彗星划过天际并朝好望角划去,认为这是灾难降临的预兆。正巧,在经过好望角附近时,他们遇到了大风暴,有四艘船被毁,船上人员全部遇难,其中包括迪亚士。迪亚士曾闯过了印度航线最艰险的航路,但最终还是没能到达真正的印度。

今天,好望角(见图 2-13)已成为穿梭往返欧亚之间船只的必经之地。这里一年四季狂风呼啸、怒涛汹涌,巨浪一般在 6 米以上,有时竟高达 15 米左右。怪不得当年迪亚士的船队经过这里时,会遇上那么大的风暴。

图 2-13　好望角

从欧洲绕好望角到印度航海路线的开拓者——达·伽马

达·伽马（见图 2-14），葡萄牙航海家、探险家，从欧洲绕好望角到印度航海路线的开拓者。达·伽马通航印度，促进了欧亚贸易的发展。

图 2-14　达·伽马

青年时代的达·伽马参加过葡萄牙与西班牙的战争，后到葡萄牙宫廷任职。1492年，哥伦布率领的西班牙船队发现美洲新大陆的消息传遍了西欧。面对西班牙将称霸于海上的挑战，葡萄牙王室决心加快探索通往印度的海上活动的进程。葡萄牙王室将这一重大政治使命交给了达·伽马。1497年7月8日，受葡萄牙国王派遣，达·伽马率船从里斯本出发，寻找通向印度的海上航路，船经加那利群岛，绕好望角，再经莫桑比克等地，于1498年5月20日到达印度西南部卡利卡特，同年秋离开印度，并于1499年9月9日回到里斯本。1502—1503年和1524年他又两次到印度，后一次被任命为印度总督。

1524年，达·伽马在印度科钦去世，享年53岁。

达·伽马是开拓了从欧洲绕过好望角通往印度的地理大发现家，他率领由四艘船、约一百七十名水手组成的船队从里斯本出发，探索出了绕过"好望角"通往印度的航线。在1869年苏伊士运河通航前，欧洲对印度洋沿岸各国和中国的贸易，主要通过这条航路进行。这条航路的通航也是葡萄牙和欧洲其他国家在亚洲从事殖民活动的开端。

预防坏血病——詹姆斯·库克

詹姆斯·库克(见图2-15)，是英国皇家海军军官、航海家、探险家和制图师。在他的带领下，欧洲人首次踏足澳大利亚东岸和夏威夷群岛等西方人未曾登陆过的地域，也创下了首次有欧洲船只环新西兰航行的纪录。将新西兰

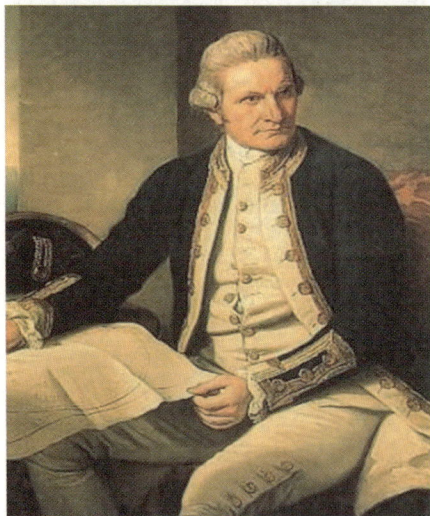

图 2-15　詹姆斯·库克

分成南北两部分的"库克海峡"就是以他的名字命名的。他以更精确的航海技术制作的航海图,为当时航海史上的一大突破。他还被认为在通过改善船员的饮食,包括增加水果和蔬菜等来预防长期航行中出现的坏血病方面有所贡献。

库克年少时曾于英国商船队服役,在 1755 年加入皇家海军后,参与过七年战争,后来又在魁北克战役期间协助绘制圣劳伦斯河河口大部分地区的地图,战后在 1760 年为纽芬兰岛制作多张精细的地图。库克绘制地图的才能获得海军部和皇家学会的青睐,促成他在 1766 年被委任为"奋进"号船长,首度出海,前往太平洋探索。

1779 年 2 月 14 日,在第三次探索太平洋期间,库克在与夏威夷岛上的岛民发生打斗的过程中身亡。

库克船队的成员在第一次探索旅程中,无一人因为坏血病而丧命,这在当时是一项少有的成就。库克在旅途中尝试用不同的方法防止船员患上坏血病,他发现预防坏血病的关键是要经常向船员提供充足的新鲜食物,尤其是青柠等含丰富维生素 C 的蔬果。库克把这方面的研究成果写成详细的报告,并提交皇家学会,促使他在 1776 年获学会颁授科普利奖章以作表扬。库克也是第一位在太平洋地区与不同人士有广泛接触和交流的欧洲人。尽管了解到太平洋各个岛屿相距千里,但他认为各地岛民具有一定关联,库克还相信太平洋地区的波利尼西亚人应该起源于亚洲地区,这个看法后来得到英国人类基因学教授布赖恩·赛克斯等学者的支持。

库克的成就不仅为当时的英国所重视,也为西方多国所肯定。1779 年,英国正与北美十三州殖民地爆发独立战争,但当时在法国的美国驻法公使本杰明·富兰克林依旧特别郑重地向美方所有战舰发出指示,要求他们如果遇上库克的舰只,务必友善对待,不应视对方为敌,且不应做不必要的拘留。可是,在富兰克林发出指示前约一个月,库克本人已于夏威夷岛遇害身亡。

航海中的女性

航海排斥女性吗?

航海禁忌是航海文化中重要的部分。在古代条件航行环境恶劣的情况下,会催生出很多迷信,了解航海中的禁忌有利于跨文化交际的顺利进行,同时也要取其精华,去其糟粕。随着现代科技的发展和人们思想的不断发展,航海禁忌也出现了很多变化。

航海、海员这样的字眼,往往与男性天然地联系在了一起。中国航海发展无形中也成了男人的事业。在古代,海上最普遍的禁忌就是女人上船,认为这会给航行带来霉运。船上出现的一些女性要么源自神话传说,要么是通过欺骗登船的,比如"女海盗"安妮·伯尼和玛丽·里德,她们的故事是否真实至今仍存疑。18世纪参加布干维尔环球航行的让娜·巴雷,则是通过女扮男装才得以登船的。

而有意思的是,虽然普遍认为女性上船会带来霉运,但是船舶的教母通常由女性担任。在近代,船舶下水都带有浓厚的教会色彩,大都会邀请一名雍容华贵的、身份显耀的女子充当船舶教母,在船舶下水时举行的掷瓶礼中,由她们将一瓶香槟酒用力地掷在船首击碎,摔得越碎越好,寓意岁岁平安。掷瓶礼用以祈求神灵保佑安全航行。

截至2020年年底,我国共有注册船员171.6万,其中女性25.8万,但绝大多数女性为内河船员,真正从事远洋航行的女船员人数寥寥无几。

《海员培训、发证和值班标准国际公约》(STCW公约)曾经明确提出,非常有必要让女性和男性在接受航海教育和在船上就业方面具有同等机会。在俄罗斯、丹麦、澳大利亚、日本等国,远洋船上也都有女船长的身影。一艘25名船员在船的船舶,经常会配备1~2名女船员。

尽管各大海事高校的海上专业都招收女生,但是她们毕业后大多被航运公司拒之门外。目前中国的商船上几乎没有女海员工作,科考船上的女海员也是凤毛麟角。长久以来,男性是海上作业的主力军,因此,对于企业而言,在绝大多数都是男船员的情况下,设置女性岗位的管理难度较大。

由于现代航海技术的发展,航海对于船员的体力要求变得不那么严苛,体力消耗减少,女性完全能适应海上航行。此外,船只虽然离开了陆地,但还是要让船员尽量处在一个正常的社会环境中,清一色的同性长期相处,容易造成心理问题,有女性加入一起工作,能起到一定的缓解作用。相信随着社会经济和航海技术的发展,女船员的数量会越来越多。

中华人民共和国成立后的第一批女海员

中华人民共和国成立后,妇女地位得到提高,"妇女能顶半边天",许多妇女开始走上传统的男性岗位,女船员应运而生。1970年3月8日,孔庆芬指挥一艘3 000吨的货船"战斗67"解缆出航,成为中国第一位远洋轮女船长。

此后,虽然也有些远洋公司招收部分女海员,但主要在船上从事服务工作。目前,我国的女海员数量极少。以前曾经有过的女船长、女大副大都已到退休年龄。

（1）中国第一位女船长——孔庆芬

1953年,20岁的孔庆芬登上了"和平一号"海轮学习驾驶轮船。孔庆芬经过15年的航海锻炼,于1969年通过船长技术鉴定考试,被正式任命为船长。从此,孔庆芬成为中国航海史上第一位远洋轮女船长(见图2-16)。

图2-16　孔庆芬

孔庆芬在航海生涯中,先后驾驶过3 000~60 000吨级不同类型的轮船共计28艘,操纵过汽轮、内燃机、透平机、左转机等不同类型的主机,航行过渤海、黄海、舟山海域、太平洋日本海域、东京湾、台湾海峡及香港地区水域;曾独立操纵过货船、客船、油船等许多种类型的船舶,也驾驶过从千吨到万吨的各种型号的轮船。她航行过渤海、黄海、东海和南海,从上海驾船到过日本,从上海到香港的航线她也很熟悉;甬江、黄浦江、长江和海河更是不在话下。

孔庆芬年过50岁时,在她的身上依然燃烧着青春时代对大海的炽热感情。对她关心的领导和同事都劝说:"你这么大岁数了,放着舒服的日子不过,还驾驶轮船漂洋过海,多辛苦啊,你呀,别傻了!"然而,她总是微笑着对关心她的人说:"我是党培养起来的首位女海员,祖国的航海事业需要我,只要我身体还能适合航海,我就要继续在海上工作。"

（2）中国第一位女轮机长——王亚夫

王亚夫是我国远洋船的第一位女轮机长(见图2-17)。

王亚夫原籍山西,在福州长大。1949年,她在上海参加南下工作团,组织上认为她年纪轻让她去读书,她考上了东北航海学院。1952年转到上海航务学院,她选择轮机系就读,这一选择影响了她的终生。1957年从大连海运学

图 2-17 王亚夫

院毕业后,她开始在终年漂泊的轮船上,干起船上最为艰苦的轮机工作。这一干就是 36 年,于 1993 年离休。

王亚夫出生于福州一个书香门第,3 岁时,父亲病逝。其外公是个教授,但很封建,怕母亲再嫁,把王亚夫母女两人接到家中生活。母亲虽丰衣足食,却没有应有的自由和欢乐。王亚夫不愿步母亲的后尘,希望走一条"自己做主"的人生道路。

1948 年,王亚夫高中毕业后,前往上海,后又随上海"南下服务团"回到福州,被分配到福州军分区文艺队,后转入省委文工团。

1951 年,王亚夫北上渤海畔、黄海滨,踏进了东北航海学院(大连海事大学前身)的校门。入校后填表格,在学习专业一栏里,王亚夫写上"船舶驾驶",她想成为中国第一位女船长。出于关心和爱护,当时的学校领导劝说王亚夫改报专业,毕竟女孩子很难终生以航海为业,如果学轮机专业,即使改行了也不愁工作。最终,王亚夫接受规劝,选择了轮机管理专业。

读书时的王亚夫是活跃在校园里的"小名人",她不但成绩好,而且性格开朗、热爱体育活动,对什么事都充满热情。1956 年年底,即将以优异的成绩毕业的王亚夫得知所有应届女生被分配到机关或留校工作。她慌了,这意味着自己奋斗已久的航海梦想将无法实现。于是,王亚夫和 4 位女同学联名给交通部写信,表达她们上船工作的强烈愿望。这封情真意切的信感动了当时的交通部部长王首道。最终,她们一起被交通部特批上了船。

1957 年,王亚夫开始了航海生涯。她上的第一艘船是客船,船底比较平,走在海上颠簸得像荡秋千。王亚夫一上船就晕船,第一次当班 4 小时,她就吐了 16 次,连胆汁都吐出来了。"要给中国妇女挣口气"这一信念支撑着她,她挺住了。

此后,王亚夫被调到一艘货船上,当了三管轮。

传统观念里,女性上船晦气。在王亚夫手下做事,男人不服气,便开始了刁难。有一次,机舱要松开螺帽。螺帽一个个大如碗口,必须用十八磅重锤猛打。两个男船员对王亚夫说,"不知道怎么敲,你示范给我们看。""敲就敲!"王亚夫抡起重锤,三五下就把螺帽拧下来了。

还有一次,甲板上突然报告:"前桅灯不亮了!"按规矩,如果灯泡断丝,应由水手上去换灯泡;如果线路故障,则归三管轮负责检修。男船员刁难王亚夫让她上。桅杆有20多米高,又在颠簸的海面上,关系好的男同事提出,代她爬上去检修。"不用,我偏要爬给他们看。"王亚夫背上安全带,迅速攀上桅杆,任凭身体在高空中摇晃,也丝毫不退缩。灯泡旋下来了,一看,是灯丝断了。这一下,把男船员的嘴堵住了,再也没有人说她不行了。

(3)中国杰出女轮机长——张兴芝

1960年暑假,张兴芝以优异的成绩考入了大连海运学院。1965年,从大连海运学院毕业后,她被分到上海海运局。按规定,新来的大学毕业生要上船锻炼一年,张兴芝被选为与她所学的船机系专业相近的轮机工。

1980年,新造的"长柳"轮出厂前夕,张兴芝被调到该船任大管轮。她把全船轮机工作组织、指挥得井井有条,保证了船舶安全运行。接着,她被上海海运局正式任命为"长柳"轮轮机长(见图2-18)。

1983年,她被评为上海市"三八红旗手",作为女海员的代表,又被推选为上海市妇联第八届、第九届执行委员。

图2-18 张兴芝

(4)中华人民共和国成立后首位远洋船舶女政委——焦湘兰

焦湘兰(见图2-19),中华人民共和国成立后首位远洋船舶女政委,1927

43

年她出生于山东掖县(即现在的莱州市)一个普通的农民家庭,1961年进入中波海运公司工作,1965年进入广远公司,1976—1981年在"辽阳"轮担任政委,成为中华人民共和国成立后首位远洋船舶女政委,1985年离休。1976—1981年,焦湘兰政委在远洋船上工作了30个月,先后到过英国、法国、德国、荷兰、意大利、比利时、新加坡、日本等十几个国家的几十个港口,为新中国的妇女争了光,真正肩负起远洋船政委的重任,并成为中国远洋女海员的楷模。

图 2-19　焦湘兰

是什么让她们选择追随海洋之美——现代女性与帆船

　　虽然女性在远洋货轮上的数量很少,但随着时代的发展,女性逐渐在帆船领域争取到了自己的一席之地。19世纪,女探险家莱奥妮·德奥内勘察了斯匹次卑尔根岛,并从凶险的合恩角航行通过。与德奥内一样,埃莉诺·克里西也是一名女航海家和女船长,她曾驾驶"飞云"号帆船,两次打破从纽约到旧金山帆船赛的纪录。在弗洛伦斯·阿尔托之后,法国女帆船选手伊莎贝尔·奥蒂西耶在1991年创造了新的单人帆船环球航行的纪录;卡特琳·沙博曾完成十四次横渡大西洋、两次环球航行的壮举;英国人艾伦·麦克阿瑟在2005年刷新了环球帆船航行的纪录。但是相比男性,这些女性航海家在航行时经常会遇到更多的困难,然而不管怎样,已经有越来越多的女性参与到与海洋有关的职业当中。

法国女帆船手弗洛伦斯·阿尔托

　　1990年,法国女帆船手弗洛伦斯·阿尔托(1957—2015)刷新了单人帆船横渡北大西洋的世界纪录。同年,她出征"朗姆之路"跨大西洋帆船赛,用不到 15 天的时间完成了比赛并获得了冠军,是这个比赛历史上唯一的女性冠军。

中国女子帆船环球航海第一人宋坤

驾驶一艘只靠风力前进的帆船进行环球航海,是一项非常严酷的挑战。全球范围内,成功完成环球航海的人比登顶珠穆朗玛峰的人还要少。在中国,第一个完成这种帆船环球航海的女性是宋坤(见图 2-20)。

图 2-20　宋坤

这位 1982 年出生在青岛的山东姑娘,于 2014 年 7 月 12 日,历经了 315 个日夜、4.5 万多海里的环球航海后,走下了"青岛"号大帆船。自此,她收获了一个新的身份——中国女子帆船环球航海第一人。

这个小时候被母亲要求说普通话、长大要当主持人的青岛"小嫚儿",如今是青岛"帆船之都形象大使"、世界帆船联合会离岸与大洋委员会委员、美国帆船协会亚太区休闲航海代言人、克利伯环球帆船赛官方形象代言人,每年至少有三分之一的时间漂在海上。她活跃在帆船比赛、培训、解说、推广等领域,成为很多人眼中真正乘风破浪的"硬核"姐姐。

环球航海,到底是一种怎样的体验?

浩瀚的深海大洋,会呈现出大陆之上闻所未闻、见所未见的画面和场景,让人震撼不已。宋坤举了几个例子:

在赤道无风带,午夜天空中没有月亮,星星格外明亮,横跨天际有一条白雾一样的缎带,那是无数来自遥远时空的星星的光芒,是银河;穿越赤道之后不久,有一天宋坤正站在甲板上,一只不知从哪里来的大海鸟在众目睽睽之下忽然落在她手臂上,她惊讶极了,擎着胳膊不敢动;在大西洋,每天都有几只海豚在船边盘旋,有一次一头巨大的蓝鲸突然从水里跃到空中,它的脊背是蓝灰色的、肚皮是白色的,特别美;有一天晚上,帆船经过一大片水母聚集区,荧荧之光点亮整个海面,船尾两侧舵叶不停搅起水母,在黑暗的海面上划出一道梦幻般的闪光航迹……

"海洋的那种美,很难用语言来形容,镜头也拍不出来。"宋坤感叹。

置身大洋的帆船和水手,每时每刻都在面临考验。

比如饮食。远洋航海,新鲜的蔬菜很快就会烂掉,除了玉米和豆子罐头,只能储备很多的洋葱、胡萝卜、土豆。比如潮湿。在太平洋低气压区,天永远是灰的,甲板下面总是汪洋一片,水手一觉醒来,内衣都没能用体温捂干,湿乎乎地贴在身上,难受得要命。再比如作息。宋坤介绍,当时"青岛"号上十几名船员,分为左舷班、右舷班两个组,轮流值班。白天5小时一班、晚上4小时一班,中午2小时由两个班组同时值班,共同完成清理船舱积水以及午餐等事项。"一晚8小时的睡眠是不存在的,你的生活迅速在上值、下值的4小时的节奏下变成一小段一小段,基本上除了值班就是睡觉。大陆上的时间概念会迅速瓦解,不知今夕是何年的状况屡屡存在,有时醒来,看见地平线上的太阳,会真的想不起来这究竟是朝阳还是落日。"宋坤说。

宋坤回忆,当时"青岛"号大帆船上的环球船员有女船员3人,然而比赛开始不到3个月,就只剩下宋坤1人。

"女船员原本就不如男船员强壮,即使是生理期期间,也要在巨浪滔天的甲板上像个爷们儿一样干活。无论是最为颠簸和危险的前甲板工作,还是几个人拼了命才能拎得动的几百斤重的船帆,一个萝卜一个坑,不能胜任分配的工作就会被看扁。"宋坤说,自己上船后领悟的第一条生存法则就是:船上不看脸,不看出身,不看性别,也不看财富,唯一的标准就是,你能为这艘船做什么。

第一位单人绕过地球的女水手克里斯蒂娜

克里斯蒂娜(见图2-21),1936年7月15日出生在波兰,是第一位完成单人环球航行的女性。

她从小就接受造船的培训,并在上学时期就开始了帆船航行。1966年,她获得了船长证书。1976年2月,她决定挑战约书亚·斯洛克姆(他是美国人,世界上第一位单人环游世界的探险家)的纪录。于是,她驾驶"Mazurek"号从加那利群岛的拉斯帕尔马斯港出发,开始了航行。在此期间,克里斯蒂娜成功穿越了大西洋、加勒比海、巴拿马运河、太平洋和印度洋,尽管旅途很艰难,但她没有任何休息,并最终于1978年4月21日回到拉斯帕尔马斯港,总

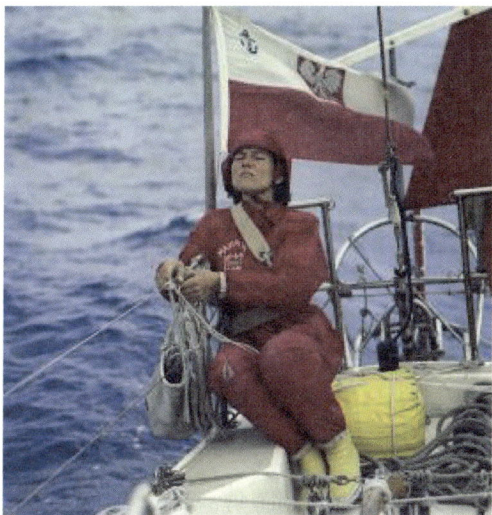

图 2-21　克里斯蒂娜

用时 401 天,完成了 57 719 千米的绕地球航行。

1978 年 6 月 18 日,她回到波兰,被波兰人民视为民族英雄。她的成就也打破了女性参加航海探险的阻碍。

第一位获得奥运金牌的女子海伦·波塔雷斯

海伦·波塔雷斯(1868—1945,见图 2-22)原名为海伦·巴比,出生在美国纽约。1891 年,她嫁给了瑞士的波塔雷斯伯爵赫尔曼·亚历山大。波塔雷斯伯爵是普鲁士国王威廉一世的护卫队队长,同时是瑞士"Lérina"号帆船的舵手,参加过多次比赛,获得了不俗的成绩。在其丈夫的影响下,海伦·波塔雷斯也参加了 1900 年的夏季奥运会,这是首届准许女性参加的奥林匹克运动会,海伦·波塔雷斯的船队在帆船项目里夺得了金牌,并且成为第一个获得奥运金牌的女性(早于英国网球运动员夏洛特·库珀两个月,后者在 1900 年夏季奥运会上获得女子网球单打冠军,是世界上第一个获得奥运会冠军的女性)。

第一位单身横渡大西洋的女性安·戴维森

1952 年 5 月 18 日,39 岁的安·戴维森(1914—1992)驾驶"费利西蒂·安"号(见图 2-23),从英格兰普利茅斯出发,开始了她的跨大西洋远征航行。

安·戴维森先后登陆于布列塔尼、葡萄牙、摩洛哥和加那利群岛,然后于 1952 年 11 月 20 日开始横跨大西洋,旨在安提瓜岛登陆。然而她被风暴推向南方,并被迫驶过巴巴多斯,最终于 1953 年 1 月 23 日抵达了多米尼加。在加勒比海停留了一段时间后,她向北继续航行至佛罗里达,最后通过沿海内河航

图 2-22　海伦·波塔雷斯

图 2-23　安·戴维森

道抵达纽约。她是第一位单身横渡大西洋的女性。

安·戴维森将自己的航行记录下来,并出版了自传《我的船是如此之小》。其驾驶过的"费利西蒂·安"号经过修复后,被捐赠给了美国华盛顿州哈德洛克港的西北造船学校。安·戴维森还是国际海洋巡游俱乐部的创始人之一。1988 年,她被选入单人水手名人堂。

中国航海教育 第三章

　　1909 年 6 月 6 日，晚清邮传部上海高等实业学堂（前身是南洋公学）船政科成立，中国高等航海教育自此开端。航海教育承担着培养航海类专门人才的重要使命，在航运业的发展过程中发挥着基础性、全局性和先导性的重要作用。

　　习近平总书记在党的十九大报告中首次明确提出建设"交通强国"重大发展战略。建设交通强国，海运要先行。2019 年 1 月，习近平总书记在天津港码头考察时再次强调，经济要发展，国家要强大，交通特别是海运首先要强起来。船员在建设交通强国、海洋强国、航运强国中发挥着不可替代的重要作用。向航运人才市场输送综合素质高、适任能力强、具备可持续竞争力的合格船员，是航海类院校肩负的责任和使命。航海类专业学生的培养与就业工作不仅关系到毕业生的切身利益，也关系到社会政治稳定与和谐的大局，更关系到交通强国、航运强国战略的顺利实施。

晚清时期

　　1906 年 11 月 6 日，清政府批准设立邮传部，将原隶属北洋大臣的船政、原隶属工部的内地商船及邮政、铁路等一并纳入邮传部管理。1909 年，邮传部尚书盛宣怀鉴于"商业振兴，必借航业，航业发达，端赖人才"，增设航政科，办航海一班。同年，邮传部上海高等实业学堂监督唐文治（见图 3-1）在该学堂增设船政科(航海专科),学制四年,开创了中国高等航海教育的先河。

图 3-1　唐文治

　　1911 年,清政府邮传部决定在上海吴淞炮台湾创建商船学校,由唐文治操办。1911 年 8 月,上海吴淞炮台湾校舍建成,定名为"邮传部上海高等商船学堂",仍由邮传部高等实业学堂管理,学堂监督由唐文治兼任,聘夏孙鹏为教务长。邮传部上海高等实业学堂船政科划归邮传部上海高等商船学堂。

民国时期

　　1912 年 1 月,邮传部上海高等商船学校改由国民政府交通部管辖,改名为吴淞商船学校,唐文治兼任校长。

　　1912 年 3 月,国民政府交通部任命原清末筹备海军大臣、海军提督萨镇冰(见图 3-2)为吴淞商船学校校长。

　　1912 年 9 月 22 日,吴淞商船学校迁入吴淞炮台湾新校舍,命名为国立吴淞商船专科学校。校舍占地面积一百多亩,设有实习工厂、游泳池、运动场、图书室、仪器室等。

　　1915 年,国立吴淞商船专科学校停办,全部校舍、实习船及书籍、仪器等由海军部接收,海军学校成立。

图 3-2 萨镇冰

1920 年,爱国华侨领袖陈嘉庚在福建厦门集美创办集美学校水产科。

1927 年,曾留学日本商船学校和海军学校的东北航警处处长沈鸿烈在哈尔滨创办东北商船学校(见图 3-3)。这是东北地区第一所航海院校,开创了中国高等航海教育轮机专业的先河。

1928 年,国民政府交通部决定筹备恢复吴淞商船学校。

图 3-3 东北商船学校旧址

1929年9月1日,吴淞商船学校正式复校,定校名为交通部吴淞商船专科学校,校长由交通部部长王伯群兼任,杨志雄任副校长,主持日常校务,校舍仍为原吴淞商船学校校舍。

1929年10月8日,吴淞商船专科学校正式开学,并将1929年10月8日定为复校纪念日。

1932年一·二八事变,吴淞商船专科学校校舍被日军轰炸,学校在上海市内租房上课。

1933年春,吴淞商船专科学校校舍修复,学校迁回。同年8月,吴淞商船专科学校奉令停办预科,改设附属高级中学。1935年8月,吴淞商船专科学校停招附属高中新生。

1937年,全面抗日战争爆发,在八一三淞沪会战中,吴淞商船专科学校校舍被侵略炮火摧毁,学校被迫停办。

1939年6月,学校因战火内迁重庆,国民政府国防最高会议教育专门委员会决定在重庆恢复吴淞商船专科学校,改称"国立重庆商船专科学校",隶属于教育部。同年11月27日,国立重庆商船专科学校于江顺轮(见图3-4)举行开学典礼。

图3-4 江顺轮

1942年秋,国立重庆商船专科学校新校舍在溉澜溪落成。1943年,国立重庆商船专科学校并入重庆的国立交通大学。1945年11月,抗战胜利后,并入国立交通大学的国立重庆商船专科学校的师生迁回上海。同年,广东省立潮汕商船职业学校成立。

1946年10月14日,国立吴淞商船专科学校在上海东长治路505号(原雷士德工学院旧址)正式开学。国立交通大学代管的航海、轮机两科复归于吴淞商船专科学校。1946年,国立武昌海事职业学院成立,后与广东省立潮汕高级商船职业学校(部分)合并组建国立武昌海事学校。

中华人民共和国成立后

发展历程

1949 年,国立武昌海事学校更名为中南交通学院。

1950 年 9 月,吴淞商船专科学校与上海交通大学航业管理系及海关总署税务专科学校海事班合并升格为上海航务学院,设航海系、轮机系和无线电专修科。

1951 年,中南交通学院更名为武汉交通学校。

1952 年,武汉交通学校更名为武汉河运学校。

1953 年,中央人民政府决定将上海航务学院与发端于 1927 年东北商船学校的东北航海学院合并组建大连海运学院(见图 3-5)。同年,发端于集美学校水产科的福建航海专科学校并入大连海运学院。

图 3-5   大连海运学院校门

1957 年,武汉河运学校更名为武汉水运工程学院(见图 3-6)。

1958 年,集美航海学院分为水产学校和航海学校。"文化大革命"期间,航海学校曾并入厦门大学海洋系。

1958 年,交通部决定在上海恢复上海航务学院建制,委托上海海运局负责教室、校舍等基础设施筹建工作。

图 3-6　武汉水运工程学院校门

1959 年 9 月 5 日,上海海运学院(见图 3-7)正式开学,隶属于交通部,校址设于浦东大道 1550 号。

图 3-7　上海海运学院校门

1960 年,大连海运学院被确定为全国重点大学。

1961 年 9 月,上海海运学院脱离上海海运局,由交通部直接领导。建校初期设海洋船舶驾驶、轮机管理、船舶机械、港口机械等专业,并附设专业基本相同的中专部和一所普通中学。

1962 年,交通部决定对所属院校进行专业调整,先后将上海海运学院海洋运输类专业调整到大连海运学院,将机械工程类专业调整到武汉水运工程学院,同时将这两所学校的管理和经济类专业调入上海海运学院。又在上海海运学院陆续创办了远洋运输业务、交通财务会计、英语、法语等专业。

1966 年,上海海运学院转变成为交通部所属的以水运经济管理为主要专业的交通部重点高等院校。

1972 年,上海海运学院先后恢复海洋运输类各专业。同年,集美航海学校重办。

1978 年,集美航海学校升格为集美航海专科学校。1989 年,集美航海专科学校改办集美航海学院(见图 3-8)。

图 3-8　集美航海学院

1992 年,武汉水运工程学院与武汉河运专科学校合并,定名为武汉水运工程学院。1993 年,武汉水运工程学院更名为武汉交通科技大学。

1994 年,大连海运学院更名为大连海事大学(见图 3-9)。

图 3-9　大连海事大学

1994 年,集美航海学院和集美财经高等专科学校、厦门水产学院、福建体育学院、集美高等师范专科学校等五所学校合并组建集美大学(见图 3-10)。

2000 年 5 月 27 日,武汉交通科技大学、武汉工业大学、武汉汽车工业大学合并组建武汉理工大学(见图 3-11)。

2004 年,上海海运学院更名为上海海事大学(见图 3-12)。同年,上海海事大学临港新城校区动工。2008 年,上海海事大学临港新城新校基本建成。同年 10 月 18 日,举行新校落成典礼。

图 3-10　集美大学

图 3-11　武汉理工大学

图 3-12　上海海事大学

2009 年 6 月 6 日,中国高等航海教育暨大连海事大学建校 100 周年纪念大会在大连举行(见图 3-13)。

图 3-13　中国高等航海教育暨大连海事大学建校 100 周年纪念大会

2009 年 9 月 23 日,吴淞商船专科学校 200 余名校友齐聚上海海事大学新校区,纪念中国高等航海教育之源吴淞商船专科学校建校 100 周年。

主要的航海学府

中国航海教育的双一流高校——大连海事大学

大连海事大学(校徽见图 3-14,校园见图 3-15)(原大连海运学院)是交通运输部所属的全国重点大学,是国家"211 工程"重点建设高校、国家"一流学科"建设高校,是交通运输部、教育部、国家海洋局、国家国防科技工业局、辽宁省人民政府、大连市人民政府共建高校。学校素有"航海家的摇篮"之称,是中国著名的高等航海学府,是被国际海事组织认定的世界上少数几所"享有国际盛誉"的海事院校之一。

图 3-14　大连海事大学校徽

大连海事大学的发展历史,代表了中国高等航海教育的发展历程。学校在民族饱受外侮、国运衰败之际创办,并肩负着"挽救航权、振兴国运"的历史使命,虽几经周折、历经磨难,但始终薪火相传、不断发展,培养了大批航运事

图 3-15　大连海事大学校园

业的栋梁之材,为振兴和发展国家航运事业做出了重要贡献。

大连海事大学校史

大连海事大学源于 1909 年设立的邮传部上海高等实业学堂船政科。1911 年以船政科为基础创办邮传部上海高等商船学堂。上海高等商船学堂于 1912 年更名为吴淞商船学校,1915 年停办,1929 年复校后更名为交通部吴淞商船专科学校,1937 年再度停办,1939 年于重庆复校并更名为国立重庆商船专科学校,1943 年并入位于重庆的国立交通大学,1946 年于上海复校并更名为国立吴淞商船专科学校,1950 年与交通大学航业管理系合并成立上海航务学院。

1953 年,中央人民政府决定将上海航务学院与发端于 1927 年东北商船学校的东北航海学院合并组建大连海运学院。同年,发端于 1920 年集美学校水产科的福建航海专科学校并入。1960 年,学校被确定为全国重点大学。1963 年,国务院批准学校航海类专业实施半军事管理。1983 年,联合国开发计划署(UNDP)和国际海事组织(IMO)在学校设立了亚太地区国际海事培训中心。1985 年,世界海事大学在大连海运学院设立分校。1994 年,学校更名为大连海事大学,江泽民同志亲笔为学校题写了校名。

"一流学科"建设高校

1997 年,学校成为国家"211 工程"重点建设高校。1998 年,学校质量管理体系通过国家港务监督局和挪威船级社认证,成为国内率先将 ISO9001 质量管理体系引入人才培养质量管理的高校。2000 年,大连海运学校"划归管理"。2017 年,学校进入国家"一流大学和一流学科"建设高校行列。通过不断地建设和发展,学校在办学规模、办学层次等方面已居于世界同类院校前列。

大连海事大学所取得的成就以及在国内外所享有的声誉得到了中央领导的充分肯定和高度评价。1993 年,江泽民、温家宝、曾庆红、李岚清等先后视察了大连海事大学。江泽民同志亲笔为学校题词"坚定、严谨、勤奋、开拓,建设世界第一流的高等航海学府"。2009 年,学校成功举办了中国高等航海教育暨大连海事大学建校 100 周年纪念大会,李长春、张德江、刘延东、陈至立等向学校致信或题词祝贺,刘延东、陈至立等分别视察了学校。

(1)学校硬件

大连海事大学位于中国北方海滨名城大连市的西南部。学校占地面积136 万平方米,校舍建筑面积 95 万平方米。学校拥有设施和功能齐全的航海类专业教学实验楼群、航海训练与工程实践中心、水上求生训练馆、教学港池、图书馆、游泳馆、天象馆等;拥有航海模拟实验室、轮机模拟实验室等 100 余个教学科研实验室,拥有育鲲轮和育鹏轮两艘远洋教学实习船(见图 3-16)。

图 3-16 大连海事大学教学实习船育鲲轮和育鹏轮

(2)学校院系

截至 2021 年 9 月,大连海事大学设有航海学院、轮机工程学院等 21 个教学科研机构,如图 3-17 所示。在校本科生、研究生共计 2 万余人,同时招收攻读学士、硕士、博士学位的外国留学生。并校 60 多年来,学校为国家培养了各类高级专业技术人才十余万名,其中大多数已成为我国航运事业的骨干力量。

大连海事大学拥有 54 个本科专业,9 个一级学科博士学位授权点、21 个一级学科硕士学位授权点、7 个博士后流动站,拥有 14 个硕士专业学位授权类别。学校现拥有 2 个国家重点学科,14 个省部级重点学科,2 个省重点培育学科,工程学科进入 ESI 全球前 1%;2 个国家工程研究中心,2 个国家级科技合作基地,11 个省级工程技术研究中心,26 个省部级重点实验室,6 个省级人文社会科学重点研究基地;1 个国家级人才培养模式创新实验区,5 个专业列入国家卓越工程师教育培养计划,1 个国家级卓越法律人才教育培养基地,6 个国家特色专业建设点,1 个全国工程教育专业认证专业,1 个国家级教学团队,1 门国家级精品课程,3 门 IMO 示范课程,1 门国家级双语示范课程,

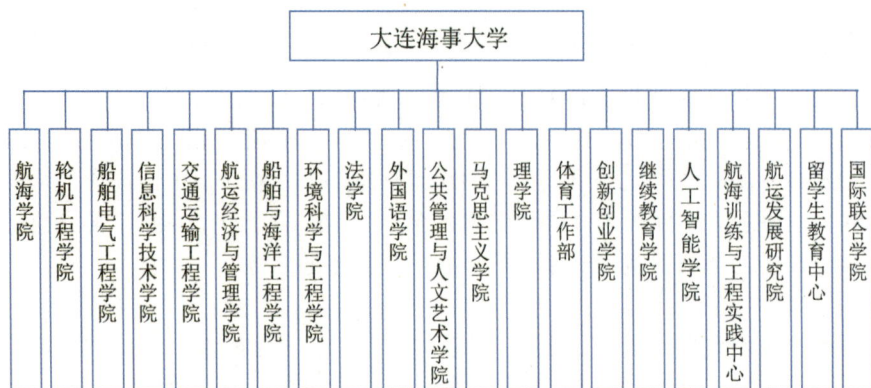

图 3-17　大连海事大学教学科研机构组织图

6 门国家级精品视频公开课程,1 门国家级精品资源共享课程,4 个国家级工程实践教育中心,4 个国家级实验教学示范中心,1 个国家级虚拟仿真实验教学中心,4 个国家大学生校外实践教育基地,11 个省级特色(示范性)专业,7 个省级本科综合改革试点专业,4 个省级本科工程人才培养模式改革试点专业,2 个省级本科重点支持专业,7 个省级优势特色专业,1 个省级课程体系国际化试点专业,5 个省级创新创业教育改革试点专业,10 个省级教学团队,38 个省级教学名师,17 个省级实验教学示范中心,15 个省级大学生教育实践基地。

(3)学校师资

大连海事大学拥有一支整体素质好、层次结构较合理、相对稳定的师资队伍。截至 2022 年 9 月,拥有专任教师 1 559 名,其中教授 366 名、专职博士生导师 147 名、聘任二级教授 47 名、三级教授 99 名,并涌现了大批优秀中青年教师。在海上交通工程、航海信息工程、船舶智能化、船舶动力系统及节能技术、船机修造工程、通信与信息系统、海洋环境保护、海事法规体系等领域,集中了一批专业理论深厚、科研能力较强的知名专家、教授和学术思想活跃、富有创新精神的青年骨干。学校还聘请共享院士 11 名、讲座教授 142 名。

上海海事大学

上海海事大学(见图 3-18),位于上海市,是一所以航运、物流、海洋为特色学科,具有工学、管理学、经济学、法学、文学、理学和艺术学等学科门类的多科性大学,上海市人民政府与交通运输部共建高校,获得中华人民共和国船员教育和培训质量体系证书与挪威船级社 ISO 9001 质量保证书的高校,入选教育部"卓越工程师教育培养计划"高校、中国政府奖学金来华留学生接收院校和上海市首批深化创新创业教育改革示范高校。

上海海事大学办学历史溯源于 1909 年的晚清邮传部上海高等实业学堂

图 3-18　上海海事大学

船政科,1911 年邮传部上海高等商船学堂正式成立,历经易名、停办、调整和恢复,继为交通部吴淞商船学校、交通部吴淞商船专科学校、国立重庆商船专科学校、国立吴淞商船专科学校、国立上海航务学院。1958 年,交通部重新组建上海海运学院。2000 年,上海海运学院由交通部划归上海市人民政府管理,并于 2004 年经教育部批准更名为上海海事大学。2008 年,上海市人民政府和交通运输部签署共建上海海事大学的意见。

截至 2021 年 5 月,学校有临港校区(主校区)、港湾校区、民生路高恒大厦等 3 个校区,总建筑面积 60 万平方米;设有 14 个二级办学部门,开设 49 个本科专业,设有 3 个博士后科研流动站,4 个一级学科博士点,16 个一级学科硕士学位授权点,13 个硕士专业学位授权类别;工程学科和计算机科学学科进入 ESI 全球前 1% ;本科生 16 000 余人,各类在校研究生 7 200 余人,留学生近 600 名。

截至 2021 年 5 月,学校设有 14 个二级办学部门,开设 49 个本科专业,涵盖工学、管理学、经济学、法学、文学、理学和艺术学等 7 个学科门类。

截至 2021 年 5 月,学校有专任教师 1 281 人,外聘教师 279 人。专任教师中具有正高职称的有 177 人(占比 13.82%)、具有副高职称的有 353 人(占比 27.56%)、具有中级职称的有 722 人(占比 56.36%)、具有初级职称 29 人(占比 2.26%)、具有博士学位的有 816 人(占比 63.7%)、具有硕士学位的有 390 人(占比 30.45%)、具有学士学位及其他 75 人(占比 5.85%)。列入国家、教育部、交通运输部、上海市等各类高层次人才计划人选 220 余人次;历年来享受国务院政府特殊津贴的专家 75 人、二级教授 25 人。

截至 2021 年 5 月,学校有 5 个国家级特色专业,1 个国家级综合改革试点专业,13 个国家级一流本科专业建设点,6 个教育部卓越工程师教育培养计划专业,17 个上海市本科教育高地;有 2 个国家级实验教学示范中心,2 个国家级虚拟仿真实验教学示范中心,5 个国家级工程实践教育中心,1 个全国示范性工程专业学位研究生联合培养基地。学校设有水上训练中心,拥有4.8 万吨散货教学实习船育明轮。

集美大学航海学院

集美大学(见图 3-19)航海学院源于华侨领袖陈嘉庚先生 1920 年创办的集美航海教育,是我国最早培养航海人才的学校之一。学院弘扬嘉庚精神,秉持"诚毅"校训,培养了数以万计的高素质航海人才,是我国培养高级航海人才的重要基地,在国内以及东南亚地区颇具影响。

图 3-19 集美大学

学院现有(2021 年 4 月)在校生 2 610 人,其中本科生 2 496 人,研究生114 人。拥有交通运输工程一级学科硕士学位点和航海技术、交通运输、物流管理 3 个本科专业,其中航海技术专业获得国家级特色专业,航海技术、物流管理专业入选国家级一流本科专业建设点。

航海学院注重"双师型"的专业教师队伍建设,通过培养和引进,不断提高教师的学历学位等级与实船工作能力,形成了一支结构合理、富有团队精神和创新能力的师资队伍。设有航海系、交通运输与物流管理系 2 个教学单位,系内设航海、船艺、船舶管理、交通运输、物流管理等 5 个教研室及水上训练中心、航海实验中心 2 个实验中心。现有教职工 130 人,其中专任教师 82 人、实验人员 31 人;专任教师中教授、副教授 43 人,具有博士学位的 29 人;实验人员中高级实验师 12 人,持有船长证书的 26 人,其中高级船长 5 人。

学院重视学生实践动手能力的培养,拥有国内先进的航海雷达模拟器、大型船舶操纵模拟器、GMDSS 模拟器、航运与物流仿真模拟系统和水上训练中心等,实验室总面积约为 6 000 平方米;拥有海上专业教学实习船育德轮,总载重吨达 6.4 万吨,可同时满足 138 名师生在船上实习,集培训、科研和运输三种功能于一体;拥有 1 个国家级实验教学示范中心、1 个国家级虚拟仿真实验教学中心、1 个国家级大学生校外实践教育基地、2 个省级大学生校外实践基地、1 个省级研究生教育创新基地,学院的"虚拟仿真技术在航海技术专业学生实践动手能力培养的实践与创新"项目中获评省级教学成果奖一等奖;学院对航海技术专业学生实行半军事化管理,并建立了"船员教育和培训质量管理体系",确保高质量航海类人才的培养。

学院积极开展对外交流合作和社会服务工作,拓展涉海科研创新与服务行业能力。学校设有国家级船舶辅助导航技术国家地方联合工程研究中心、福建省船舶助导航工程研究中心航海技术研究所、厦门东南国际航运研究中心、现代物流研究中心、海商海事研究所、船舶助航技术研究所、海上交通安全研究所、厦门市海上交通信息工程技术研究中心等。学院已与国际海事组织(IMO)、国际航标协会(IALA)、国际海事大学联合会(IAMU)等开展学术交流与合作,也是大陆唯一获得交通运输部海事局批准具有开展台湾船员适任培训资格的院校。

武汉理工大学航运学院

武汉理工大学航运学院成立于 1992 年,其前身为 1945 年 11 月建立的潮汕高级商船职业学校,已从事航海教育与培训达半个多世纪,为国家航运业培养了上万名船舶驾驶和管理的高级人才,其中包括高级船长、指导船长和总船长在内的数以千计的船长。根据 STCW 78/95 公约和国家船员教育与培训质量管理规则,学校建立了航海教育与培训质量体系,航运学院按照该体系对整个教学过程进行管理和监督,确保学生的培养质量。

武汉理工大学(见图 3-20)是教育部直属的"211 工程"重点建设高校中具有航海类高层次人才培养的高校,形成了航海类完整的高层次人才培养体系,并构建了航海领域多层次人才培养(含本科、硕士、博士及社会船员适任证书培训)的系统教学体系和培养模式。学校于 1998 年 8 月获得中华人民共和国海事局颁发的船员教育和培训质量管理体系证书,是我国首批获得质量体系证书的 6 家单位之一。

航运学院是武汉理工大学历史悠久、特色鲜明、优势突出的学院,已有70 多年的办学历史。学院始终坚持"面向海洋、海河兼顾"的办学方向和"严谨治学、严格管理、确保质量、培养高素质航运人才"的质量方针,构建了多学科融合、多层次培养的高级航海人才培养模式,形成了"特色创优势、创新促

图 3-20　武汉理工大学

发展、贡献求支持"的办学理念,铸就了"同舟共济、乘风破浪、勇立潮头"的学院精神。学院设有航海技术系、海事管理系、导航工程系、实验中心、船员培训中心、木兰教学实践基地、《交通企业管理》杂志社,建有内河航运技术湖北省重点实验室、湖北省水上应急与污染防治国际科技合作基地;拥有交通运输行业重点领域创新团队"水上交通风险评价与防控技术"、湖北省"航海学系列课程教学团队";挂靠单位中国航海学会内河船舶驾驶专业委员会,参与共建"国家水运安全工程技术研究中心""智能航运与海事安全""国际科技合作基地""交通运输行业内河智能航运协同创新平台""国家水陆运输实验实践教学示范中心""国家船舶运输实验实训教学示范中心"。

　　学院主要从事水上交通运输领域高层次人才培养和航海类专业教育培训,同时面向交通运输行业广泛开展产学研合作、科学研究和技术服务。学院现有航海技术、海事管理和导航工程三个本科专业,均列入国家"卓越工程师"教育培养计划,航海技术专业入选国家一流本科专业建设点。学院拥有交通信息工程及控制、导航与信息工程两个二级学科博士、硕士学位授予权,以及交通运输工程硕士专业学位授予权;参与共建绿色船舶与环境保护、安全科学与工程两个二级学科点,及交通运输工程学科博士后流动站。

　　学院具有优秀的办学条件,拥有先进、完备的航海教育与培训设备设施,学院设有实验中心,包括航海仪器实验室、船舶通信实验室、船艺实验室、航海仿真 4 个实验室,共 19 个分实验室,拥有包括大型船舶操纵模拟器、VTS 模拟器、ECDIS 模拟器、GMDSS 模拟器等在内的各类教学科研设备。学校建有水上专业实训基地,通过与交通行业单位开展科学研究与人才培养合作,共建有

35 个联合实习基地,4 个专业实践基地;与国外 10 余所大学和科研机构建立了人才培养和科技合作关系。近 10 年来,航运学院先后承担国家重点研发计划、国家自然科学基金、工信部科技专项、湖北省自然科学基金、交通运输部科技项目、湖北省重大技术专项、海事局科技项目及企事业单位委托的横向项目等超过 2 000 项,累计科研经费近 9 亿元。截至 2018 年,学院师生在国内外学术期刊和国际学术会议上发表学术论文 500 多篇(其中被 SCI、EI 和 CPCI 收录的论文 120 多篇),获各类省部级科技奖项 20 余项,出版教材学术专著 50 余部。

截至 2022 年 4 月,学院现有教职工 111 人,其中专业教师 66 人、"双证型"师资 39 人,教授 23 人、副教授 42 人、博士生导师 17 人。其中国家教学指导委员会委员 2 人,学校学科首席教授 2 人、产学研合作特聘教授(专家) 7 人、特色专业责任教授 1 人、精品课程教学名师 6 人、青年拔尖人才 1 人;海外讲座教授 4 人。具有博士学位教师 39 人(其中具有国外博士学位 8 人,具有海外访学或留学经历 25 人)。持有甲类一等船长适任证书 17 人、甲类一等大副适任证书 6 人,亚丁湾护航指导船长 3 人,北极科考队员 1 人。

在 70 多年的航海教育与实践中,学院依托雄厚的师资力量和一流的教学实验实训条件,为我国交通运输行业培养了 5 万多名以智慧引领人生,具有卓越追求和卓越能力,引领行业发展和服务海洋强国、交通强国、海运强国战略的高级航运人才,并成为我国航海科学与技术和海事管理领域人才培养、科学研究、社会服务以及航海文化传承与创新的重要基地。

第四章

怎样才能成为国际海员

你想成为一名劈波斩浪、遨游四海的国际海员吗？究竟怎样才能成为一名国际海员呢？需要满足什么样的条件？不同国家对于国际海员资质的取得都有各自的规定，但基本上相差无几。

与海员职业相关的国际公约和国内法规

《1978 年海员培训、发证和值班标准国际公约》

《1978 年海员培训、发证和值班标准国际公约》(International Convention on Standards of Training，Certification，and Watchkeeping for Seafarers 1978，即 STCW 公约)，是国际海事组织(IMO)约 50 个公约中最重要的公约之一，截至 2013 年 6 月 30 日，已有 157 个缔约国，占世界船队吨位超过 98%。

（1）STCW 公约的产生背景

随着海运业的发展、船舶科技水平的提高、船舶配员的多元化、各国对于海上安全和海洋环境的关注，通过对海事事故的统计与分析，得出事故的发生有 80% 左右是人为因素所造成的，其中相当大的比例与海员知识和能力不足有关。为了实现国际海上人命与财产的安全和保护海洋环境的目的，1960 年 SOLAS 公约缔约国外交大会通过了一项关于海员教育与培训的决议；1964 年 IMO 海上安全委员会(简称海安会，MSC)和 ILO 理事会联合成立了海员培训委员会，为培训海员使用助航设施、救生设备、消防设备等草拟了《1964 年指南文件》;1971 年,由于重大事故不断发生并造成严重的社会影响,IMO 理事会要求海安会对此采取紧急行动,这促成了培训与值班分委会(STW)的成立。1978 年 IMO 召开了缔约国外交大会,来自 72 个成员国和地区的代表参加了会议。7 月 7 日,会议通过了 STCW 公约,公约于 1984 年 4 月 28 日生效。我国于 1981 年 6 月 8 日加入该公约。根据公约的规定,该公约对我国同时生效。IMO 在对其他公约进行不断修改的同时,也对 STCW 公约进行了修改。1993 年 IMO 着手对 STCW 公约进行全面的修改,在 STCW 公约签字日十七周年的 1995 年 7 月 7 日,通过了 1995 年 STCW 公约修正案和 STCW 规则,即当前的《经 1995 年修正的 1978 年海员培训、发证和值班标准国际公约》,简称为 STCW 78/95 公约,其生效日期为 1997 年 2 月 1 日,过渡期为 5 年;对于我国的生效日期为 1998 年 8 月 1 日,过渡期至 2002 年 2 月 1 日。该公约除正文条款外,其他内容都做了全面的修改,并新增设了与公约和附则相对应的更为具体的《海员培训、发证和值班规则》。

(2)STCW 公约的主要内容

STCW 正文共有 17 条和附则 8 章,阐述和规定了制定公约的宗旨、缔约国义务、公约所用名词解释、适用范围、资料交流、与其他条约的关系、证书、特免证明、过渡办法、等效办法、监督、技术合作、修正程序、加入公约形式、生效条件、退出方式、保管以及文本文字。8 章附则的内容如下:

第一章为总则,规定了证书的内容和签证的格式以及证书应有英语译文;对从事过本航行服务的海员要求有所放宽的原则;规定了行使监督的范围以及允许船旗国当局通过执行监督的缔约国等方式,采取适当的措施来消除缺陷。

第二章为船长和甲板部,规定了不同吨位船舶甲板部船员和船长发证的强制性最低要求。

第三章为轮机部,规定了轮机值班中应遵守的基本原则,以及不同推进力等级船舶轮机部船员发证的强制性最低要求。

第四章为无线电通信和无线电操作员,规定了无线电报员发证的法定最低要求;规定了保证无线电报员不断精通业务和掌握最新知识的法定最低要求。

第五章为特定类型船舶的船员特殊培训要求,规定了对油船、化学品船、液化气体船船长、高级船员和一般船员的培训和资格的法定最低要求。

第六章为应急、职业安全、医护和求生职能,规定了对所有海员颁发本章标题所述几个方面发证的法定最低要求。

第七章为可供选择的发证,规定了缔约国可以在确保海上安全和防污染的效果等同于公约规定时,签发可供选择的证书。

第八章为值班,规定了值班安排以及值班时应该遵守的原则。

(3)STCW 公约分为两个部分

A 部分是关于公约附则有关规则的强制性标准,与附则的各章一一对应,共有 8 章,详述了附则中需要制定的标准、规定、证书模型以及功能证书中各个功能责任及应该与传统发证标准对应的适任内容、知识、理解和熟练要求程度。

B 部分是关于公约及其附则的建议指导,也与公约附则的各章相对应。B 部分会补充说明公约条款、内容指导,虽然不作为强制性条款,但它的指导符合海上交通安全与防污染的总原则以及与其他国际公约相呼应。

由于 1995 年的修正案对 STCW 1978 公约进行了大幅度的修改(技术性条款部分),这必然会对海员培训、发证与值班管理产生巨大的影响。

《2006 年海事劳工公约》

《2006 年海事劳工公约》(Maritime Labour Convention,即 MLC 公约)是国际劳工组织在综合和修订了其先前通过的 68 个相关公约和建议书的基础上制定的新的综合性海事劳工公约,被喻为海员的"人权法案",同时又被称作与 IMO 通过的 SOLAS 公约、MARPOL 公约和 STCW 公约共同支撑国际海事法律体系的第四根支柱。

(1)MLC 公约的产生背景

MLC 公约制定的主要目的是保护船员的利益。由于历史和现实的原因,船员往往处于相对来说弱势的位置,所以为了保护船员的根本权益,国际劳工组织自成立以来,组织制定了 41 个与海事劳工有关的公约以及 29 项建议书,覆盖了海员生活和工作的各个方面。

在 2001 年召开的第二十九届联合海事委员会上,船东和船员要探索制定一个综合性的公约,这个公约要覆盖尽可能多的现有公约。为此,从 2001 年到 2004 年,包括政府、船东和船员在内的三方组织,每年召开一次工作会议。经过各方的努力,MLC 公约以 314 票赞成、0 票反对和 4 票弃权在第九十四次国际劳工(海事)大会上得以通过。公约于 2013 年 8 月生效。我国于 2015 年 8 月 29 日,由第十二届全国人大常委会第十六次会议决定,批准海事劳工公约。公约于国际劳工组织登记我国批准书之日起一年后对我国生效。

(2)MLC 公约的主要内容

MLC 公约由三部分构成:条款、规则和守则。

条款和规则规定了核心权利、原则以及批准该公约的成员国的基本义务。守则包含了规则的实施细节,它由 A 部分(强制性标准)和 B 部分(非强制性导则)组成。

规则和守则按以下标题被划归为五个领域,每个领域中包含若干方面的规定:

标题一:海员上船工作的最低要求,规定了海员上船的最低年龄、体检证书以及培训。

标题二:就业条件,规定了海员的就业协议、工资待遇、工作和休息时间以及配员水平等。

标题三:起居舱室、娱乐设施、食品和膳食服务,规定了与海员起居娱乐、食品膳食有关的内容。

标题四:健康保护、医疗、福利和社会保障保护,规定了船上、岸上以及船东应当对海员做出的健康保护和社会保障。

标题五:遵守与执行,规定了与船籍国有关的相应责任。

SOLAS 公约有关船舶配员的规定

依照 SOLAS 公约附则第 V 章"航行安全"和 IMO 以 A.890(21)决议通过并以 A.955(23)决议修正的《安全配员原则》,船舶必须配备足够数量的合格船员,并持有船旗国签发的船舶最低安全配员证书(Minimum Safety Manning Certificate)或等效证明,以保证船舶航行安全和防止污染。配员包括船员适任证书要求和人数要求两个方面,使船员能按一定的组织和分工行使职责。船舶最低配员证书有效期为 5 年。

《中华人民共和国船舶最低安全配员规则》

现行的《中华人民共和国船舶最低安全配员规则》(以下简称《规则》)于 2004 年 8 月 1 日起施行,并于 2014 年 9 月 5 日和 2018 年 11 月 28 日经过两次修正。规则规定,每艘船都应持有海事局审核办理的船舶最低安全配员证书,船舶在停泊期间,均应配备足够的掌握相应安全知识并且具有熟练操作能力能够保持对船舶和设备进行安全操纵的船员。无论何时,500 总吨及以上(或者 750 千瓦及以上)海船、600 总吨及以上(或者 441 千瓦及以上)内河船的船长和大副、轮机长和大管轮都不得同时离船。

船员的职业资格

《中华人民共和国船员条例》(以下简称《船员条例》)设立了船员职业准入制度,主要通过两项行政许可实现:一是船员注册制度,二是船员任职资格制度。船员注册制度是从事船员职业的入门要求,船员任职资格制度则是对船上特定工作岗位的进一步要求。

船员注册

国际船员(海员)职业是第一个真正意义上的国际职业。船员注册管理是与全球各航运国家接轨的一项制度。2007年3月28日,国务院第一百七十二次常务会议通过了《中华人民共和国船员条例》,并已于同年9月1日生效。《船员条例》第四条至第七条对船员注册工作进行了规定,建立了船员注册制度。2020年3月27日进行了第六次修订。作为一项新的基础性船员管理制度,《船员条例》的规定较为笼统,明确了制度内涵,但是缺乏在制度执行过程中所必需的操作性规定,因此需要在上位法原则性规定的基础上,制定相应的配套规章对其予以细化和明确,以更好地发挥船员注册制度的基础性管理作用。为此,交通运输部制定了《中华人民共和国船员注册管理办法》(以下简称《船员注册管理办法》)。

我国的《船员注册管理办法》规范了船员注册制度,规定了从事船员职业的最基本要求:

(1)年满18周岁(实习、见习人员年满16岁周岁)但不超过60周岁。

(2)符合船员健康要求。

(3)参加了基本安全培训,海事管理考试合格。

(4)国际船员还需通过船员专业外语考试。

符合以上条件的我国公民可以申请注册为船员,领取船员服务簿(见图4-1)上船从事与船舶航行安全没有直接联系的基本工作,比如普通水手、服务员等职务。

船员注册制度划分了船员职业身份的界限,即公民必须经过船员注册程序,方能取得船员的职业身份,然后才能上船从事相应的工作。而不论在船上担任任何岗位的任何职务,都必须首先经过船员注册,取得船员身份。

图 4-1　船员服务簿

船员的任职资格

公民取得船员注册,仅仅满足了在船上工作的最基本要求,只能从事普通船员(不参加航行和轮机值班的机工和普通水手)的有关工作,而不能从事或参加航行和轮机值班船员(船长、大副、二副、三副、轮机长、大管轮、二管轮、三管轮)的工作,只有满足相应的学历和资历要求,经过相应的适任培训,并通过相应的船员适任考试,获得相应的适任资格后,才能在与船舶安全航行密切相关的岗位上任职。因此,船员任职资格制度较之船员注册制度更加注重于对船员实际技能的锻炼和培养,注重船员职业经历的积累。

申请船员适任证书的条件:

(1)已经取得船员服务簿。

(2)符合船员任职岗位健康要求。

(3)经过船员适任培训。

船员适任培训是船员在取得适任证书前接受的旨在提高船员适应拟任岗位所需的专业技术知识和专业技能的教育或培训,船员适任培训的种类有:

①适任证书考前培训,包括船长、驾驶员的考前培训,轮机长、轮机员的考前培训,船舶无线电人员的考前培训,值班水手、机工的适任培训,等等。

②船员专业培训,包括熟悉基本安全培训,精通救生艇筏和救助艇培训,船舶高级消防培训,精通急救和船上医护培训,雷达操作和模拟器培训,船舶操纵模拟器培训,船舶轮机模拟器培训,等等。

③特定类型船舶船员特殊培训,包括散装液体货船船员特殊培训,客船及滚装客船船员特殊培训,大型船舶操纵特殊培训,高速船船员特殊培训,船舶装载散装固体或包装危险和有害物质作业特殊培训,等等。

④精通业务和知识更新培训,即申请适任证书再有效和申请船员特殊培训合格证再有效的船员为保持其适任能力而进行的培训。

⑤船上培训,即初次申请船长、三副、轮机长和三管轮者,为达到规定的适任标准,在船上有资格的人员的指导下完成的技能训练。

(4)具备相应的船员任职资历,并且任职表现和安全记录良好。

(5)通过国家海事管理机构组织的船员任职资格考试合格。船员任职资格考试包括适任考试和适任评估两个方面的内容。适任考试是指采用书面或电子形式对船员进行理论知识、概念、原理等内容的考查,以考核船员的专业知识水平和应用能力。适任评估是指以综合运用能力和实际操作能力为主要目标,通过相应设备或模拟器操作、听力测验、口试、船上培训以及船上资历和业绩考核等,对船员进行的技能考核。海事管理机构通过对船员的适任考试和适任评估,判定船员是否达到相应的适任标准。

下面分别具体介绍各级船员申请船员适任考试、评估应满足的条件:

船长和甲板部船员

(1)值班水手

申请无限航区、沿海航区船舶的值班水手适任证书考试、评估者,应完成不少于主管机关规定的值班水手适任培训时间或者完成航海类技工学校相关专业的教育,完成熟悉和基本安全培训,取得培训合格证,以及在相应航区、船舶等级的船舶上服务满6个月(正在接受航海类教育的学员除外)。申请500总吨及以上船舶船长和甲板部船员适任考试、评估者,还应完成精通救生艇筏和救助艇培训,并取得培训合格证。

(2)二副

申请500总吨及以上船舶三副适任证书考试、评估者,应完成不少于2年的航海类相关专业的职业教育或者完成航海类中专及以上的学历教育,还应持有相应航区、船舶等级的值班水手适任证书,并实际担任其职务满12个月

（正在接受航海类教育的学员除外）。

申请 500 总吨及以上船舶的三副适任考试、评估者，还应完成高级消防培训、精通急救培训、雷达观测与标绘和雷达模拟器培训、自动雷达标绘仪培训，并取得培训合格证。

申请无限航区、近洋航区船舶的三副适任证书者，应当持有 GMDSS 通用操作员适任证书。

（3）二副

申请无限航区船舶二副适任证书考试、评估者，持有相应航区、船舶等级的三副适任证书，并实际担任其职务满 12 个月即可换发二副适任证书。

（4）大副

申请无限航区船舶大副适任证书考试、评估者，应完成航海类相关专业的高等职业教育或者完成航海类相关专业的大专及以上学历教育；或者在完成三副任职资格规定的教育的基础上，再完成不少于 1 年的航海类相关专业的职业教育，应持有相应航区、船舶等级的二副适任证书，并实际担任其职务满 12 个月。

申请 500 总吨及以上船舶大副适任考试、评估者，还应完成船上医护培训，并取得培训合格证。

（5）船长

申请船长适任证书考试、评估者，应持有相应航区、船舶等级的大副适任证书，并实际担任其职务满 18 个月。

此外，申请航区扩大考试、评估者，应持有与所申请的航区较低一级航区但相同船舶等级和职务的适任证书，并实际担任其职务满 6 个月。持有沿海航区船长或甲板部船员适任证书并实际担任其职务满 6 个月者，可跨航区申请无限航区相同船舶等级和职务的适任考试、评估。

申请吨位提高考试、评估者，应持有与所申请的吨位较低一级吨位但相同航区和职务的适任证书，并实际担任其职务满 12 个月。

同时申请航区扩大和吨位提高考试、评估者，应持有与所申请的航区和吨位均较低一级但相同职务的适任证书，实际担任其职务满 18 个月。

轮机部船员

（1）值班机工

申请无限航区、沿海航区船舶的值班机工适任证书考试、评估者，应完成主管机关规定的值班机工适任培训或者完成航海类技工学校相关专业的教育，完成熟悉和基本安全培训，取得培训合格证，并在相应航区、船舶等级的船舶上服务满 6 个月(正在接受航海类教育的学员除外)。

申请 750 千瓦及以上船舶的轮机部船员适任考试、评估者,还应完成精通救生艇筏和救助艇培训,并取得培训合格证。

(2)三管轮

申请 750 千瓦及以上船舶的三管轮适任证书考试、评估者,应完成不少于 2 年的航海类相关专业的职业教育或者完成航海类相关专业的中专及以上的学历教育,应持有相应航区、船舶等级的值班机工适任证书,并实际担任其职务满 12 个月(正在接受航海类教育的学员除外)。

申请 750 千瓦及以上船舶的三管轮适任考试、评估者,还应完成高级消防培训、精通急救培训,并取得培训合格证。

(3)二管轮

持有相应航区、船舶等级的三管轮适任证书,并实际担任其职务满 12 个月,可到海事管理机构申请换发二管轮适任证书。

(4)大管轮

申请无限航区船舶的大管轮适任证书考试、评估者,应完成航海类相关专业的高等职业教育或者完成航海类相关专业的大专及以上学历教育;或在完成三管轮任职资格规定的教育的基础上,再完成不少于 1 年的航海类相关专业的职业教育,应持有相应航区、船舶等级的二管轮适任证书,并且实际担任其职务满 12 个月。

(5)轮机长

申请轮机长适任证书考试、评估者,应持有相应航区、相应船舶等级的大管轮适任证书,并实际担任其职务满 18 个月。

此外,申请航区扩大考试、评估者,应持有与所申请航区较低一级航区但相同船舶等级和职务的适任证书,并实际担任其职务满 6 个月。持有沿海航区轮机部船员适任证书并实际担任其职务满 6 个月者,可跨航区申请无限航区的相同船舶等级和职务的适任证书;申请功率提高考试、评估者,应持有较低一级功率但相同航区和职务的适任证书,并实际担任其职务满 12 个月;同时申请航区扩大和功率提高考试、评估者,应持有与所申请的航区和功率均较低一级但相同职务的适任证书,并实际担任其职务满 18 个月。

无线电人员的任职资格

(1)GMDSS 限用操作员

申请 GMDSS 限用操作员适任证书考试、评估者,应完成不少于 6 个月的相关专业的职业教育和培训或者完成航海类技工学校相关专业的学历教育,应完成熟悉和基本安全培训,并取得培训合格证。

(2) GMDSS 通用操作员

申请 GMDSS 通用操作员适任证书者,应完成不少于 2 年的航海类相关专业的职业教育或者完成航海类相关专业的中专及以上的学历教育,完成熟悉和基本安全培训,精通救生艇筏、救助艇培训,精通急救培训,并取得培训合格证。

(3) GMDSS 二级无线电电子员

申请 GMDSS 二级无线电电子员适任证书考试、评估者,应完成航海类相关专业的高等职业教育或者完成航海类相关专业的大专及以上学历教育;或者在完成 GMDSS 通用操作员规定的教育的基础上,再完成不少于 1 年的航海类相关专业的职业教育,应持有 GMDSS 通用操作员适任证书,并且至少具有 12 个月的海上服务资历。

(4) GMDSS 一级无线电电子员

申请 GMDSS 一级无线电电子员适任考试、评估者,应持有 GMDSS 二级无线电电子员适任证书,并至少具有担任 GMDSS 二级无线电电子员 18 个月的海上服务资历。

海员入职前关心的问题

眼睛近视有机会做船长吗?

随着升学压力的增大、高考难度的提升,同学们在中学学习的强度也随之增大,而长期的坐姿不规范、用眼不卫生、用眼过度导致越来越多的学生视力变差、近视、散光,但是这并不能阻挡同学们拥有一颗航海的心,鼻子上的镜框并不影响向大海前进的热情。所以很多同学们都很关心一个问题:眼睛近视有机会做船长吗?答案并不是否定的。近年来,随着航海科技的发展,许多助航仪器可以降低对船长和驾驶人员的视力要求,也就是说,现在航海对船长的视力要求没有过去那么高了。比如,在 2022 年 6 月 1 日施行的船员体检新标准里降低了对视力的要求,对海船船员和内河船舶船员,以及不同任职岗位的视力要求都进行了区分。以大家比较关注的远视力为例:

海船船员:(1)船长和甲板部值班船员由原来的"双眼裸视力均能达到

0.5 及以上,且矫正视力均能达到 0.8 以上"调整为"双眼裸视力均能达到 0.5 以上,或双眼裸视力均能达到 0.1 以上,且矫正视力均能达到 0.8 及以上";(2)轮机部值班船员及无线电操作人员、服务及其他船员:由原来的"双眼裸视力均能达到 0.8 及以上;或者双眼裸视力均能达到 0.4 及以上,且双眼矫正视力均能达到 1.0 及以上"调整为"双眼裸视力均能达到 0.4 及以上,或双眼裸视力均能达到 0.1 及以上,且矫正视力均能达到 0.4 及以上"。

内河船舶船员:(1)船长和甲板部高级船员由原来的"双眼裸视力均能达到 0.5 以上,且矫正视力均能达到 0.8 以上"调整为"双眼裸视力均能达到 0.8 以上,或双眼裸视力均能达到 0.5 以上,且矫正视力均能达到 0.8 及以上";(2)轮机部高级船员及除服务船员外的其他普通船员由原来的"双眼裸视力均能达到 0.4 及以上,且双眼矫正视力均能达到 0.6 及以上"调整为"双眼裸视力均能达到 0.6 及以上,或双眼裸视力均能达到 0.4 及以上,且矫正视力均能达到 0.6 及以上";(3)服务船员由原来的"双眼裸视力均能达到 0.4 及以上,且双眼矫正视力均能达到 0.6 及以上"调整为"双眼裸视力均能达到 0.4 及以上,或双眼裸视力均能达到 0.1 及以上,且矫正视力均能达到 0.4 及以上"。

因此,只要可以通过海员体检,以及海员适任要求,成为一名合格的海员,通过日后的努力学习和工作,再通过船长考试,获得船长证书后,就可以成为一名船长(见图 4-2)!

图 4-2　瞭望

来自不同国家的海员怎样相处？

同学们如果登上了一艘混派的船,那将会与来自各个国家的船员生活在一起,这些船员可能来自英国、葡萄牙、印度、菲律宾等国家。因宗教思想、语言、文化以及国家政策的不同,大家的交流必然会存在许多问题,生活习惯也会有所不同。但我们可以本着和睦的初衷,友好地与他们相处,可以分享自己国家的趣事以及习惯特点,也可以倾听对方的声音。而且在这种环境下,你的英语水平一定会飞速提升。

成为船长要几年？

航海技术专业学生毕业后历经实习阶段后,可以升任三副、二副、大副,最后升任船长。轮机管理专业学生毕业后历经实习阶段后,可以升任三管轮、二管轮、大管轮,最后升任轮机长。根据中国相应法规的规定,每一级的升任都需要满足海龄时长,有的升任还要经历适任考试。航海技术和轮机管理人员对应的每一级升任条件基本相同。下面以航海技术专业本科毕业生为例,看看升任到船长需要几年。

航海技术专业本科毕业生在校通过主管机关组织的适任考试(包括理论和评估考试),即取得"三副白票",上船见习 12 个月,完成相关要求,申请三副适任证书;上船任职三副 18 个月,任职表现和安全记录良好,申请换取二副适任证书;上船任职二副 12 个月,下船参加规定的晋升大副培训,通过晋升大副考试(理论和评估考试),取得"大副白票",上船见习大副 3 个月,完成相关要求,申请大副适任证书;上船任职大副 18 个月,下船参加规定的晋升船长培训,通过晋升船长考试(理论和评估考试),取得"船长白票",上船见习船长 3 个月,完成相关要求,申请船长适任证书。航海技术本科毕业生晋升到船长之路的流程如图 4-3 所示。

图 4-3 中所示的时间是晋升到船长的最低时间要求,但事实上,由于船员需要休假,而且参加适任考试需要至少几个月的学习和培训,同时换证还需要一定的等待时间,所以,从航海技术本科毕业到晋升为船长一般最快也要七八年,大部分人需要十年左右。

值得一提的是,大连海事大学等 4 所行业知名高校的本科航海类毕业生,毕业后免理论考试,可以直接拿到"二副白票",这样晋升船长的时间可能还会缩短。

```
┌──────────┐
│  毕业生   │
└──────────┘
```

上船见习 12 个月，完成相关要求

```
┌──────────┐
│   三副    │
└──────────┘
```

上船任职三副 18 个月，完成相关要求

```
┌──────────┐
│   二副    │
└──────────┘
```

上船任职二副 12 个月，参加升职大副培训通过考试，上船见习大副 3 个月

```
┌──────────┐
│   大副    │
└──────────┘
```

上船任职大副 18 个月，参加升职船长培训通过考试，上船见习船长 3 个月

```
┌──────────┐
│   船长    │
└──────────┘
```

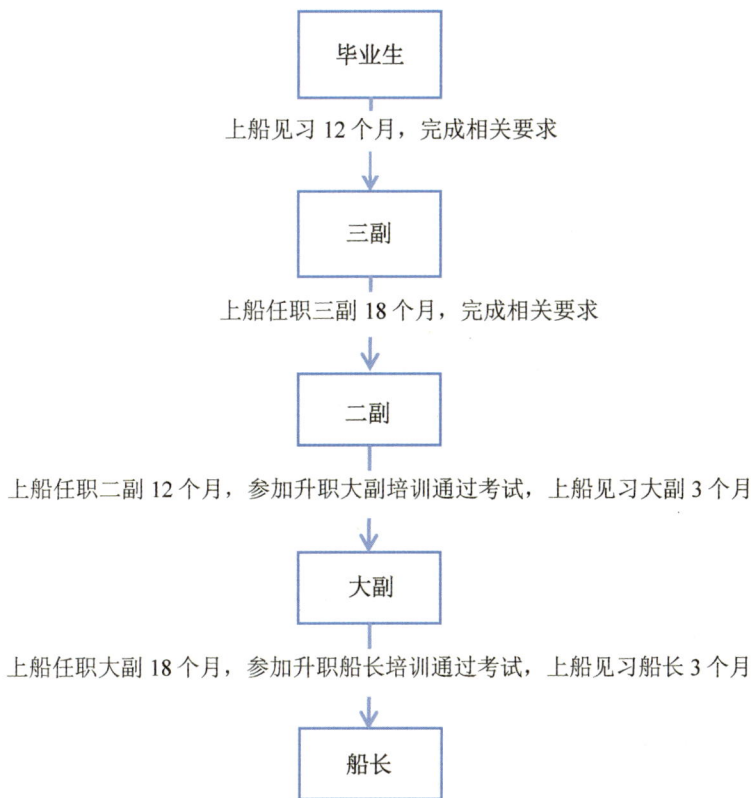

图 4-3　航海技术本科毕业生晋升到船长之路

海员"下地"之后可以从事什么职业?

有的同学会提出一个问题:"如果我们不当船员以后能干什么呢?"这个问题也就是船员"下地"的问题。当我们不再当船员时,是否可以依靠我们的航海技能以及航海经历在陆地上找到一份不错的工作? 在此我们不讨论从事与航运无关工作的情况,只讨论继续从事与航运相关的工作。船舶在海上航行,但是船舶的运营是在陆地上的,会有不同的商业公司来服务于船舶,比如说船舶运营公司、船员管理公司、船舶代理公司、货运代理公司、船员培训学校等。我们可以根据自己的能力和需求,进入不同类型的航运公司。

除了为航运业服务的商业公司外,国家还设有一些船舶管理服务部门,比如中国海事局、中国引航协会、船级社、交通运输部救助打捞局、船舶交通服务系统(VTS 系统)、海关、港航企业等。这其中有些是国家行政部门,应聘者可能需要参加相应的国家公务员考试、国家事业单位考试,通过笔试、面试后,才

能成为一名国家工作人员。除此之外,如果我们的同学对学术研究感兴趣,也可以进入中国水运研究院或者进入航海相关院校当老师等。

同学们对于上述部门的了解可能会比较少,在此我们将简单介绍:

中国海事局(China Maritime Safety Administration)是根据法律、法规的授权,负责行使国家水上安全监督和防止船舶污染、船舶及海上设施检验、航海保障管理和行政执法,并履行交通运输部安全生产等管理职能的部门。中国海事局标志如图4-4所示。

图4-4 中国海事局标志

中国引航协会(China Maritime Pilots Association)是以引航机构为主自愿组成的非营利性全国引航行业自律组织,业务主管机关为中华人民共和国交通运输部,登记管理机关为中华人民共和国民政部。引航站是为了维护国家主权和保障船舶、港口和设施的安全,由国家专业引航人员引领船舶安全航行而设立的机构。中国引航协会标志如图4-5所示。

图4-5 中国引航协会标志

船级社(China Classification Society)是一个建立和维护船舶和离岸设施的建造和操作的相关技术标准的机构,通常为民间组织。船级社的主要业务是对新造船舶进行技术检验,合格者授予相应证书;根据检验业务的需要,制定相应的技术规范和标准;受本国或他国政府委托,代表其参与海事活动。有的船级社也接受陆上工程设施的检验业务。图4-6是中国船级社标志。

图4-6　中国船级社标志

交通运输部救助打捞局(CHINA RESCUE & SALVAGE)负责船舶和海上设施财产救助、沉船沉物打捞、港口及航道清障、沉船存油和难船溢油的应急清除;提供水上、水下工程作业服务;承担国家指定的特殊的政治、军事、救灾等抢险救助、打捞等任务;负责救助打捞系统交通战备组织协调工作;履行有关国际公约和双边海运协定等规定的国际义务。交通运输部救助打捞局标志如图4-7所示。

图4-7　交通运输部救助打捞局标志

VTS系统主要负责掌握辖区动态海事监管信息,具体负责实施辖区水上交通的管理和组织,相关航行安全保障工作的协调,航行通(警)告的管理,水上交通安全动态信息的处理,CCTV监控值班,季节性水上安全工作;履行海上搜救中心办公室的职责,承担日常值班和应急反应(包括油类及化学品污染应急反应)的现场指挥和现场支持等任务。

第五章

船员队伍现状

世界船员队伍现状

关于世界船员队伍,我们这里只统计从事海上运输的海员,不包含各国的内河船员。

世界海员数量统计

截至 2021 年年底,全球海员总数估计为 1 892 720 人,其中高级海员 857 540 人,普通海员 1 035 180 人。

由表 5-1 可以了解自 2010 年以来全球海员供应的增长情况。

表 5-1　2010 年以来全球海员供应统计表　　　　　　单位：人

年份	2010 年	2015 年	2021 年
高级船员	624 000	774 000	857 540
普通船员	747 000	873 500	1 035 180
合计	1 371 000	1 647 500	1 892 720

目前全球海员主要由五大海员输出国提供,其对应排名如表 5-2 所示。

表 5-2　全球五大海员输出国排名

序号	全体海员	高级船员	普通船员
1	菲律宾	菲律宾	菲律宾
2	俄罗斯	俄罗斯	俄罗斯
3	印度尼西亚	中国	印度尼西亚
4	中国	印度	中国
5	印度	印度尼西亚	印度

全球女性海员数量统计

近些年,在海事国际组织的倡导下,越来越多的女性船员加入海运事业。据统计,2021 年年底全球拥有 STCW 认证的女性海员数量为 24 059 人,比 2015 年增加了 45.8%。其中约 7 289 人是高级船员,16 770 人是普通船员。

与女性高级船员相比,女性普通船员的人数有显著增加,女性普通船员主要服务于邮轮和客运渡轮的相关部门。2015 年,据估计,0.7% 的 STCW 认证的高级船员和 0.4% 的 STCW 认证的普通船员是女性,而这一相对百分比在 2021 年分别上升了 0.85% 和 1.67%。

全球海员年龄分布

由于航海职业的特殊性,不同职位的职业年龄有所区别,管理级高级船员年龄多集中在中年以后,而相较于普通船员,操作级高级船员在 20~40 岁这一年龄段占比更具优势。具体数字如表 5-3 所示。

表 5-3　不同职位海员年龄分布表

年龄	操作级（高级船员）	支持级（普通船员）
≤20 岁	0.0%	0.2%
21~30 岁	35.1%	26.8%
31~40 岁	41.1%	38.0%
41~50 岁	15.3%	24.0%
51~60 岁	7.1%	9.9%
≥61 岁	1.3%	1.1%

2021 年全球海员需求量分析

2021 年全球对 STCW 认证海员的需求为 1 881 320 人。大约需要 883 780 名高级船员和 997 540 名普通船员。

自 2015 年以来,STCW 认证海员的需求增加了 336 320 人,其中高级船员的需求增加了 11.8%,普通船员的需求比 2015 年增加了近三分之一,如表 5-4 所示。

表 5-4　不同年代高级海员和普通海员需求数量分布　　　　　单位:人

年份	2010 年	2015 年	2021 年
高级海员	637 000	790 500	883 780
普通海员	747 000	754 500	997 540
总计	1 384 000	1 545 000	1 881 320

世界商船队对 STCW 认证高级海员需求比例最大的三个行业是杂货船（占总需求的 26%）、散货船(19%)和近海船舶(13%),其中,对于普通海员的需求,杂货船占 27%、散货船占 21%、近海船舶占 10%。

2021 年全球海员供需平衡分析

2021 年全球海员劳动力的供求情况为短缺 26 240 名高级船员、过剩 37 640 名普通船员,如表 5-5 所示。

表 5-5　2005—2021 年每 5 年全球海员供需平衡关系　　　　单位：人

	海员	2005 年	2010 年	2015 年	2021 年
供给	高级船员供应	466 000	624 000	774 000	857 540
	普通船员供应	721 000	747 000	873 500	1 035 180
	总供应量	1 187 000	1 371 000	1 647 500	1 892 720
需求	高级船员需求	476 000	637 000	790 500	883 780
	普通船员需求	586 000	747 000	754 500	997 540
	总需求量	1 062 000	1 384 000	1 545 000	1 881 320
差额	高级船员（短缺）	−10 000	−13 000	−16 500	−26 240
	普通船员（过剩）	135 000	0	119 000	37 640

　　2021 年年底，全球供应的 STCW 认证海员约为 1 892 720 人，其中约 857 540 人是高级船员，1 035 180 人是普通船员；而 2021 年全球对海员的需求估计为 1 881 320 人，世界商船队需要 883 780 名高级船员和 997 540 名普通船员。统计表明，全球海员劳动力目前正面临高级船员短缺和普通船员过剩的问题。

未来 4 年全球海员每年供求预测

　　根据未来 4 年全球船队的平均复合年增长率为 1.25% 计算，本书对未来几年海员供需平衡做出了基本预测，数据如表 5-6 所示。

表 5-6　2026 年全球船员供需预测

海员	高级船员	普通船员
需求量（2026 年）/人	947 050	1 069 500
所需的每年提供数量/人	15 818	6 866
所需的平均年增长率	2.6%	0.83%

　　根据对未来需求的基本预测，为满足 2026 年 947 050 名高级船员的需求，每年需要增加 17 902 名高级船员。

我国船员队伍现状

截至 2020 年年底,我国共有注册船员 1 716 866 人(海船船员 808 183 人,内河船舶船员 908 683 人),其中女性 258 896 人。2020 年,具有海上服务资历的海船船员 377 638 人,占海船船员总数的 46.7%。2020 年,受新冠病毒感染的影响,船员队伍发展数据较以往存在波动。

国际航行海船船员

2020 年,新增注册国际航行海船船员 17 175 人。截至 2020 年年底,我国共有注册国际航行海船船员 592 998 人,其中女性 39 702 人,如表5-7 所示。

表 5-7　2016—2020 年国际航行海船船员注册人数　　单位:人

类型	2016 年	2017 年	2018 年	2019 年	2020 年
国际航行海船船员	497 197	524 498	545 877	575 823	592 998

(1)持有国际航行海船适任证书船员

截至 2020 年年底,我国持有国际航行海船适任证书的船员共计 269 995 人,同比增长 4.1%。其中,船长 17 256 人,其他高级船员 91 835 人,如表5-8 所示。

表 5-8　持有国际航行海船适任证书船员等级、职务分布　　单位:人

等级	职务	人数	2020 年活跃人数	等级	职务	人数	2020 年活跃人数
3 000 总吨及以上	船长	16 881	13 205	3 000 千瓦及以上	轮机长	16 583	12 686
	大副	11 673	10 323		大管轮	10 237	9 233
500~3 000 总吨	船长	375	313	750~3 000 千瓦	轮机长	534	451
	大副	362	312		大管轮	431	390

续表

等级	职务	人数	2020 年活跃人数	等级	职务	人数	2020 年活跃人数
500 总吨及以上	二副	16 631	13 869	750 千瓦及以上	二管轮	15 186	12 400
	三副	11 455	7 498		三管轮	8 743	5 291
	值班水手	66 252	39 210		值班机工	46 025	28 357
	高级值水手	29 523	22 262		高级值班水手	19 104	14 622
总计		153 152	106 992	总计		116 843	83 430

2020 年我国共有海员外派机构 250 家,如表 5-9 所示,外派海员共计 122 304 人次,如表 5-10 所示,同比下降 21.3%。2020 年 12 月 31 日外派海员实时在船人数如表 5-11 所示。

表 5-9　海员外派机构分布表

主管海事机构	辖区外派机构数量	主管海事机构	辖区外派机构数量
上海海事局	30	广东海事局	14
天津海事局	37	广西海事局	0
辽宁海事局	20	海南海事局	1
河北海事局	6	长江海事局	20
山东海事局	40	黑龙江海事局	0
江苏海事局	22	深圳海事局	13
浙江海事局	8	连云港海事局	9
福建海事局	30		
总计		250	

表 5-10　2016—2020 年外派海员数量

职务	2016 年	2017 年	2018 年		2019 年		2020 年	
			人次	人数	人次	人数	人次	人数
船长	6 497	6 678	7 239	6 094	7 421	6 312	5 954	5 519
大副	6 075	6 623	7 150	6 179	7 598	6 589	6 150	5 736
二副	6 767	7 124	7 589	6 640	7 986	7 014	6 458	6 054
三副	7 805	8 061	8 276	7 117	8 061	6 991	5 844	5 403

续表

职务	2016 年	2017 年	2018 年		2019 年		2020 年	
			人次	人数	人次	人数	人次	人数
轮机长	6 474	6 695	7 142	6 131	7 441	6 419	5 916	5 544
大管轮	5 482	6 079	6 588	5 738	7 110	6 226	5 872	5 494
二管轮	6 640	7 103	7 604	6 649	7 769	6 770	6 238	5 820
三管轮	7 525	7 455	7 658	6 622	7 329	6 343	4 965	4 584
高级值班水手	—	12 926	11 998	10 370	11 724	10 187	9 506	8 919
值班水手	23 057	11 362	11 503	10 311	12 263	11 032	12 073	11 286
高级值班机工	—	8 122	7 151	6 249	7 056	6 123	5 562	5 228
值班机工	14 855	7 064	7 162	6 444	7 970	7 188	8 171	7 664
电子电气员	—	—	1 611	1 380	1 791	1 497	1 333	1 213
电子技工	—	—	18	18	10	9	9	9
其他	51 561	43 562	47 233	42 440	53 920	48 869	38 253	36 370
合计	142 738	138 854	145 922	128 382	155 449	137 569	122 304	114 843

表 5-11　2020 年 12 月 31 日外派海员实时在船人数

职务	持证职务	实际职务	职务	持证职务	实际职务	职务	持证职务	实际职务
船长	5 143	4 210	轮机长	5 101	4 331	电子电气员	961	918
大副	4 079	4 284	大管轮	3 904	4 187	电子技工	11	6
二副	4 578	4 397	二管轮	4 574	4 290	其他	7 797	9 883
三副	3 176	3 771	三管轮	2 601	3 216			
高级值班水手	8 028	7 324	高级值班机工	5 129	4 329			
值班水手	8 768	8 887	值班机工	6 363	6 180			
小计	33772	32 873	小计	27 672	26 533	小计	8 769	10 807
总计	70 213							

（2）国际航行海船船员供需状况

国际航行海船船员供需状况如表 5-12 所示。

表 5-12　国际航行海船船员供需状况　　　　　　　　单位：人

类别	等级	职务	持有效适任证书人数	2016—2020年活跃人数	2018—2020年活跃人数	2019—2020年活跃人数	2020年活跃人数	2020年外派海员人数	中国籍国际航行海船最低安全配员数量
国际航行海船（无限航区）	3 000总吨及以上	船长	16 881	15 781	15 291	14 937	13 205	6 398	943
		大副	11 673	11 488	11 294	11 120	10 323	5 101	942
	500~3 000总吨	船长	375	373	365	357	313	133	167
		大副	362	359	346	339	312	114	159
	500总吨及以上	二副	16 631	16 312	15 752	15 353	13 869	5 868	1 004
		三副	11 455	11 167	10 092	9 241	7 498	3 907	1 094
		值班水手	66 252	59 427	52 072	48 445	39 210	11 329	1 319
		高级值班水手	29 523	28 625	26 778	25 362	22 262	9 700	1 814
	3 000千瓦及以上	轮机长	16 583	15 367	14 805	14 425	12 686	6 147	944
		大管轮	10 237	10 107	9 999	9 874	9 233	4 861	943
	750~3 000千瓦	轮机长	534	521	512	501	451	181	184
		大管轮	431	429	424	419	390	101	176
	750千瓦及以上	二管轮	15 186	14 868	14 341	13 944	12 400	5 774	274
		三管轮	8 743	8 444	7 458	6 718	5 291	3 175	367
		值班机工	46 025	41 288	36 081	33 981	28 357	8 004	751
		高级值班机工	19 104	18 553	17 416	16 565	14 622	6 148	987

沿海航行海船船员

2020 年,我国新增注册沿海航行海船船员 6 653 人。截至 2020 年年底,我国共有注册沿海航行海船船员 215 185 人,其中女性 6 703 人,如表 5-13 所示。

表 5-13　2016—2020 年沿海航行海船船员注册人数　　单位:人

类型	2016 年	2017 年	2018 年	2019 年	2020 年
沿海航行海船船员	175 764	184 524	191 780	208 532	215 185

（1）持有沿海航行海船适任证书船员

截至 2020 年年底,我国持有沿海航行海船适任证书船员共计 169 685 人,同比增长 6.7%。其中,船长 17 696 人,其他高级船员 65 786 人。2020 年活跃沿海航行海船船员 141 214 人,占沿海航行海船船员的 83.2%,如表 5-14 所示。

表 5-14　持有沿海航行海船适任证书船员等级、职务分布　　单位:人

等级	职务	人数	2020 年活跃人数	等级	职务	人数	2020 年活跃人数
3 000 总吨及以上	船长	8 293	7 417	3 000 千瓦及以上	轮机长	5 057	4 311
	大副	5 919	5 570		大管轮	3 469	3 286
500~3 000 总吨	船长	3 976	3 613	750~3 000 千瓦	轮机长	5 824	5 315
	大副	2 869	2 681		大管轮	3 385	3 214
500 总吨及以上	二副	11 043	10 052	750 千瓦及以上	二管轮	8 929	7 868
	三副	2 015	1 569		三管轮	2 976	2 117
	高级值班水手	12 856	10 124		高级值班机工	7 895	6 261
	值班水手	36 376	27 953		值班机工	23 810	18 492
未满 500 总吨	船长	5 427	4 934	未满 750 千瓦	轮机长	4 444	4 012
	大副	3 240	2 732		大管轮	2 579	2 250
	二副	2 249	1 937		二管轮	1 382	1 193
	三副	286	221		三管轮	120	92
	值班水手	4 050	3 125		值班机工	1 216	875
总计		98 599	81 928	总计		71 086	59 286

（2）沿海航行海船船员供需状况

沿海航行海船船员供需状况如表 5-15 所示。

表 5-15　沿海航行海船船员供需状况　　　　　　　　　单位：人

类别	等级	职务	持有效适任证书人数	2016—2020年活跃人数	2018—2020年活跃人数	2019—2020年活跃人数	2020年活跃人数	沿海航行船舶最低安全配员人数
沿海航行船舶（沿海航区）	3 000总吨及以上	船长	8 293	8 138	8 013	7 927	7 417	3 569
		大副	5 919	5 876	5 798	5 752	5 570	3 569
	500~3 000总吨	船长	3 976	3 892	3 843	3 809	3 613	4 625
		大副	2 869	2 844	2 811	2 779	2 681	4 549
	500总吨及以上	二副	11 043	10 919	10 700	10 552	10 052	3 714
		三副	2 015	1 973	1 848	1 739	1 569	6 380
		值班水手	36 376	34 775	33 325	32 442	27 953	22 020
		高级值班水手	12 856	12 457	11 957	11 530	10 124	0
	未满500总吨	船长	5 427	5 334	5 265	5 229	4 934	6 606
		大副	3 240	3 141	3 043	2 971	2 732	275
		二副	2 249	2 198	2 152	2 118	1 937	1 712
		三副	286	272	257	242	221	3 887
		值班水手	4 050	3 861	3 714	3 572	3 125	12 260
	3 000千瓦及以上	轮机长	5 057	4 909	4 792	4 722	4 311	2 238
		大管轮	3 469	3 448	3 415	3 386	3 286	2 205
	750~3 000千瓦	轮机长	5 824	5 725	5 646	5 584	5 315	5 054
		大管轮	3 385	3 361	3 335	3 312	3 214	4 903
	750千瓦及以上	二管轮	8 929	8 789	8 578	8 408	7 868	2 407
		三管轮	2 976	2 910	2 671	2 487	2 117	3 146
		值班机工	23 810	22 721	21 730	21 175	18 492	16 349
		高级值班机工	7 895	7 639	7 351	7 113	6 261	0
	未满750千瓦	轮机长	4 444	4 352	4 288	4 240	4 012	4 084
		大管轮	2 579	2 502	2 430	2 395	2 250	1 360
		二管轮	1 382	1 356	1 322	1295	1 193	926
		三管轮	120	113	106	104	92	2 147
		值班机工	1 216	1 105	1 049	1 008	875	7 424

内河船舶船员

2020 年,我国新增注册内河船舶船员 33 850 人。截至 2020 年年底,我国共有注册内河船舶船员 908 683 人,同比增长 3.9%,其中女性 212 491 人。

(1)持有内河航行船舶适任证书船员等级、职务分布

持有内河航行船舶适任证书船员等级、职务分布如表 5-16 所示。

表 5-16　持有内河航行船舶适任证书船员等级、职务分布　　　　单位:人

职务	一类适任证书	二类适任证书	三类适任证书	小计
船长	37 334	53 956	54 442	145 732
大副	13 518	—	—	13 518
二副	14 894	—	—	14 894
三副	2 569	—	—	2 569
驾驶员	—	30 729	79 658	110 387
小计	68 315	84 685	134 100	287 100
轮机长	20 528	39 629	33 988	94 145
大管轮	4 948	—	—	4 948
二管轮	9 341	—	—	9 341
三管轮	1 873	—	—	1 873
轮机员	—	25 633	2 184	27 817
小计	36 690	65 262	36 172	138 124
合计	105 005	149 947	170 272	425 224

备注:"—"表示该类别未设置相应职务。

(2)内河航行船舶船员供需状况

内河航行船舶船员供需状况如表 5-17 所示。

表 5-17　内河航行船舶船员供需状况　　　　单位:人

类别	等级	职务	持有效适任证书人数	最低安全配员人数
一类	1 000 总吨及以上	船长	37 334	18 906
		大副	13 518	7 601
		二副	14 894	11 610
		三副	2 569	5 272
	500 千瓦及以上	轮机长	20 528	14 277
		大管轮	4 948	172
		二管轮	9 341	117
		三管轮	1 873	13 978

类别	等级	职务	持有效适任证书人数	最低安全配员人数
二类	300~1 000 总吨	船长	53 956	17 564
		驾驶员	30 729	41 398
	150~500 千瓦	轮机长	39 629	1 473
		轮机员	25 633	54 249
三类	300 总吨以下	船长	54 442	5 429
		驾驶员	79 658	64 329
	150 千瓦以下	轮机长	33 988	78
		轮机员	2 184	437

智能船舶的发展对船员教育的改革和船员队伍的影响

随着计算机、新能源、信息、高速低延时网络通信、人工智能等技术的发展,物联网、大数据、集成船桥系统和网络物理系统的应用有了快速发展。这些应用促进了船舶智能化的发展,使得真正安全、高效和无人驾驶的绿色智能船舶成为可能。2015 年中国船级社发布《智能船舶规范》第一版,2017 年12 月由我国自主研发的世界上第一艘智能船舶在上海正式交付,2018 年《智能船舶发展行动计划(2019—2021 年)》正式发布,《智能船舶规范》(2020年)于 2020 年 3 月 1 日生效,这些成果标志着未来一段时间内我国智能船舶的研发将进入高速发展期。智能驾驶室概念图如图 5-1 所示。

智能船舶是船舶发展的必然趋势,它具有良好的应用要求和发展前景。智能船舶并不会使传统船员失去工作,而是将从根本上改变其工作性质。未来的船员在公司或家里就可以远程操控船舶,可以成为陆上指挥和控制人员,航海者将更受欢迎,航海职业将变得"高大上"。这些发展对海事人才的培养提出了新的挑战和更高的要求。在智能船舶项目中,物联网、自动控制、信息、大数据、云计算、机器学习、船舶运动控制和风险管理等人工智能领域的相关知识是对传统船员进行知识结构进行补充和延伸的重点所在。

图 5-1　智能驾驶室概念图

智能船舶技术简介

作为航运大国,我国正在积极推动智能船舶技术的发展。2019—2021年的《智能船舶发展计划》对我国智能船舶未来数年的发展做出了规划。2019年5月9日,交通运输部等七个部门发布的《智能航运发展指导意见》对智能船舶的定义、分级标准、系统架构、技术体系和发展路线图等基础性和宏观战略性问题进行了分析。

作为船舶信息科技和工业的交叉领域,最近几年,中国、欧洲和日本在智能船舶的研发上突飞猛进,在多个关键领域已经取得了进展。如2016年年底的中国云州智能无人船研发及产业化项目落户青岛蓝谷,2017年罗尔斯-罗伊斯公司开放智能船舶体验空间,2018年罗尔斯-罗伊斯公司和商船三井株式公社共同开发船舶智能识别系统应用测试,中国扬子江船业集团和海兰信集团携手进行智能船舶应用研究,挪威雅苒国际集团和康士伯启动电力推进的零排放无人船舶项目,马士基试验智能感知技术应用以及韩国航海企业开展智能船舶4.0服务的基础设施等,但就目前的数据而言,国内外尚未有真正以大数据、云计算为基础的商业化智能船舶。

虽然通信技术、环境感知技术、运营状态监测与故障诊断技术等已经得到实际应用,但安全预警技术、自主航行技术等还有待在真实环境下的验证。随着人工智能、云计算、综合船桥系统和大数据等科学技术的不断突破,以及人类对安全、环境保护和高质量的生活追求,航运业会成本不断增加。逐渐减少船舶配员、提高船舶智能化水平,乃至最终实现无人化,将是航运业发展的必然趋势。

（1）智能船舶的研发进展

自智能船舶的概念提出以来,世界各个航运大国都开始探索研究,主要研究机构相继发布了智能船舶发展路线图。国际海事组织(IMO)的路线图侧重技术,罗尔斯-罗伊斯的路线图描述了不同阶段的实现形式,劳埃德船级社(LR)的路线图侧重分析了人与船之间的关系,中国船级社(CCS)则是从船舶自治的角度出发给出了路线图。

在智能船舶研发的第一阶段,将实现船舶在操作过程中的人工操作减少至零。这就要求第一代智能船舶具有高度的可靠性,并提供足够的用于远程操作的通信接口。在电力驱动的柴电混合动力船中,内燃机是小型发电站,能稳定地输出电流,其提高了系统能源的可靠性,数字控制系统和直流电网则可提供更多用于远程遥控的接口。

在智能船舶研发的第二阶段,基于第一代智能船舶实现的远程控制,需要进一步探索船舶的安全性。当前阶段,远程控制数据量大,卫星通信功能尚不完善,需要建立完备的 5G 通信网络基站。针对 5G 通信覆盖范围只能到达近海和内河的现状,在此阶段可以使用大数据技术先进行数据积累。

在智能船舶研发的第三阶段,对第二代智能船舶运行期间所产生的各种数据进行了广泛分析,设计人员会移除不必要的传感器,并添加更新智能感知设备。这时岸基通信技术已取得长足的进步,或者海上的通信基础设施已经取得初步进展,远距离通信成为可能。各种通信手段被使用,更多数据可被上传到云系统。

在智能船舶研发的第四阶段,基于第三代智能船舶,船载人工智能在大数据的培育下快速发展,智能船舶在人工智能系统的控制下即可控制船舶,无须人工干预和通过通信技术传输大量数据。船舶可以依靠各种天气信息、水温信息和综合供应链信息以及船舶自身的能力来设计记忆最佳路线和寻找最佳导航方式。从研发历程来看,智能船舶的发展至少需要满足以下几个条件:一是船舶推进混合动力系统,支撑船舶内部运作系统所必需的直流电网与数字控制系统;二是支持船舶外部通信的大带宽、高质量的实时通信系统;三是提供船舶操作所需智能表单的大量累计操作数据,例如水文、气象、船舶设备运输和其他数据。

（2）智能船舶的七大核心技术

智能船舶是在传统船舶技术基础之上,融合现代信息技术、人工智能等新技术来实现安全可靠、节能环保和经济高效的目标的。总体来看,未来的智能船舶应当具备以下七大核心技术:

信息感知技术。信息感知是指船舶借助多维度传感设备、传感网络,经信息处理设备后,获得可靠、持续的各种信息,该信息应包含船舶速度、航向、时间和空间位置等的变化数据。当下船舶常用的状态感知技术手段主要包括雷达、船舶自动识别系统、全球定位系统及闭路电视系统等。

通信导航技术。通信导航技术是将各种技术手段融合在一起，相互取长补短优化，实现船舶系统–设备、船–岸信息交互，最终实现船舶位置的实时计算。

能效控制技术。国际海事组织提出新造船设计能效指数（EEDI）和船舶营运能效指数（EEOI）评价指标，以控制船舶能效，减少船舶温室气体的排放。为此，智能船舶的建造与后期营运应达到甚至超出现有"绿色船舶"的最高标准要求。

航线规划技术。航线规划技术是指船舶根据航行水域环境及交通流实时动态信息、前向通道中的船舶密度、公司调度信息、通道当前分布信息，实时、智能地选择船舶在通道中的位置和航道，以优化航线。该方法主要基于现代智能信息技术手段来实现这一功能。

状态监测与故障诊断技术。状态监测技术是使用诸如监视设备振动的发展趋势之类的技术来确定设备是处于稳定状态还是正在恶化。故障诊断技术是确定被诊断对象的状态是异常状态还是故障状态，以及发生劣化状态的部件，并在船舶的机械设备处于故障状态时，确定故障原因或提供可能出现故障的预警。

遇险预警救助技术。船舶遇险预警系统是船舶遇到恶劣海况或特殊情况时对船舶航行姿态进行实时监控和预警的系统，该系统能在船舶发生火灾、倾覆和搁浅等紧急情况时自动向监控中心或周围船舶发出遇险求救信号，指引搜救人员和船舶前往遇险地点开展救助。

自主式智能航行技术。自主式智能航行技术是指船舶利用计算机技术、控制技术等对感知和获得的信息进行分析和处理，借助岸上支持中心，设计并优化船舶动态航行路径，达到智能船舶在复杂的环境条件下自主航行的目的。

（3）智能船舶的优势

目前，电气技术、数字技术和网络技术趋向成熟，人工智能技术已在造船业产生了深远的影响，智能船的巨大优势为造船业提供了新的增强竞争力的机会。

①降低人为操作的风险

在通航密度较大的海域航行期间，船体监视及船舶间的通信需要具备较好的性能。利用信息感知技术和通信导航技术能够降低人为操作的风险。船舶可以收集、传输数据和信息以实现诸如情报共享，船舶预测、预警和避碰等功能。

然而，随着海上运输业不断发展、集成的海上多服务系统不断被应用、船舶之间的通信需求越来越大,船载通信设备的功能需要向大带宽、实时性方向改进突破。通信质量的不断完善和信息感知技术的不断发展,在融合复杂的多维度环境数据时,船员可以更好地感知船舶周围环境,从而使船舶操作简单、高效与安全。

②提高能源效率

船舶节能一直以来都是造船和航运界的发展方向。能源效率管控技术的关键在于提高能源效率,从而实现增长经济和保护环境的双赢。船舶节能技术的提升,一方面能帮助运营船舶节省燃油,提高企业利润率和经济效益;另一方面能减少船舶废气的排放,获得经济与环境保护的双收益。

③合理的航线规划能提升运营效率

航线规划技术的优势在于安全、合理地规划航行动态路线,以提升运营效率。在现代综合导航系统的基础上,融入智能信息处理技术,可以更好地规划和设计船舶航行动态路线,提高路线的安全性、经济性和可靠性,对避免海上交通事故、减小船舶运输对环境的影响具有重要意义。

④预防潜在风险

当前船舶设备的大规模维修是定期进行的,这样一来对船舶一些突发性的设备故障、损坏就无法及时修复,这不可避免地会造成经济损失。状态智能监测和评估是对传统船舶管理模式的一种改革,可以为实施状态维修提供客观依据,实现最低的维修成本。

⑤增强应急能力

遇险预警救助技术可提高应急响应能力。近年来,水上交通事故频繁发生,仅在我国水域内遇险船舶的年度财产损失就已达数百亿美元。智能遇险预警救助技术可以快速、高效、便捷地定位和显示海上遇险目标,这将有助于提高水上搜寻和救援的效率,并降低事故后果的严重性。

⑥实现无人值守航运

自主导航技术将实现无人运输,促进航运业彻底变革。自主导航技术不仅可以减少船舶的配员数量和设备空间、节省建造和运营成本,通过专家决策系统和远程遥控系统在岸上作业还可以减少人为失误带来的船舶事故。

鉴于上述关键性技术还未能成熟地应用于船舶建造,目前智能船还处于起步阶段,智能技术的应用将成为智能船舶发展的关键。

智能船舶发展对船员教育和船员队伍的影响

近年来,智能航运已成为当前全球航运业的发展趋势。2017年10月,国际海事组织海上安全委员会第98次会议将"智能船舶"作为一个新主题纳入其中,并提议修订 STCW 公约。2019 年 5 月,交通运输部与其他七个部门共同发布了《智能航运发展指导意见》,旨在加速现代信息化、人工智能等高科技和航运要素的深度融合,其中明确提出要加强对智能航运人才的培养。这也是我国建设交通强国和海洋强国的核心所在。

智能航运需要从源头上进行升级改变,国内外许多学者对此提出了对策和建议。为响应智能船舶的发展,大连海事大学建议建立一个智能导航教育和实践平台,以满足中国对导航人才培养的更高要求。面临即将到来的船舶智能化和智能化船舶管理的挑战,武汉理工大学提出了建设"新工科"精神和学校"宽口径、厚基础、强能力、高素质"的人才培养思路。国际海事组织海安司司长海克迪根和挪威船级社的罗尔夫·斯克宗先生分别就智能船舶规则的制定和国际智能船舶航运立法提出了建议。海事院校需要适应企业和行业的需求,走产学结合和校企共建的道路。探索面向智能船舶、智能航运的应用型人才培养的路径,最终实现面向新时期船员职业可持续发展的目标和任务。

(1)智能船舶应用对航海教育的影响

智能船舶的终极目标是实现船舶自组织智能驾驶,克服人为失误,保障航运的安全与清洁。

① 对船员工作角色和培训带来的影响

智能船舶的建造与运营会从根本上改变传统船舶驾驶人员的工作性质与方式。船舶驾驶人员的工作地点将从海上移到陆上公司内部,就像无人机的操纵人员一样工作。驾驶人员和轮机、电器操纵人员共同配合完成某一个航次任务。三方人员应具有高度的组织性和团队协作性,与此同时,还应具备交叉学科知识,以便于及时发现和解决设备等硬件故障。

未来对智能船舶驾驶员的培训将面临巨大挑战,需要相关海事学院和大学提供智力支持,以培养包括"在船"和岸上支持人员在内的高级"导航员",使他们具备使用和管理智能船舶系统的相应技能。

②对航海技术专业产生的影响

海洋环境复杂多变,与陆地存在很大差距。对于复杂的系统(例如大型货船),在高度复杂的环境中且基础设施不足的情况下,自主决策和控制的难度将比航空和陆路运输更具挑战性,因而对于智能化无人船系统的设计者而言,掌握航行操纵技能与掌握智能船舶发展的主要问题和方向是研发成功设计出智能化的无人船系统的两个必备条件,二者缺一不可。

作为一种典型的应用专业,航海技术专业的传统教育一直注重操作与技能的培养,忽视设备工作原理及控制理念的教育,这就往往使得船舶的驾驶人员只具备知识广度,不具备知识深度,更缺乏交叉学科的综合应用与处理能力。

面对目前这一难得的历史机遇,我们应该熟悉智能船舶运输系统的框架,并熟知其核心问题,在发挥该学科优势的条件下,主动汲取信息工程、计算机技术、控制理论工程等学科的相关知识,致力于培养出能够驾驭智能船舶的复合型深层次人才。

③对法律及监管带来的影响

智能船舶将深入推动智慧港口、电子航道等方面的建设,进一步促进海上监督、管理与服务。此外,智能导航支持系统的研究与开发将对相关的国际公约和规定进行重大调整,例如 STCW 公约马尼拉修正案和《1972 年国际海上避碰规则》等。目前,全球运输规则对智能船舶没有明确的规定。此外,针对当前的国际规则,修订并制定出能够适用于无人自主船舶及其他类型的水面航行器统一的新规则、法案还任重道远。

此外,智能船的监管、污染预防、船舶管理、海上救援、智能海事、电子港口和航道建设以及海洋信息遥感都将面临重大调整。这也是其他专业(如海事管理和地理信息科学等)需要面对的挑战。

(2)智能航运背景下航海人才素质分析

随着智能船舶的发展,该行业对船员技能和知识结构的要求也将相应提高。国际海事组织根据自动化程度将智能船舶分为四个级别:

具有自动化流程和自动化决策支持的船舶。这个级别的船舶已基本实现了自动化,配备了风流传感器、雷达系统和自动识别系统等,并拥有智能系统,例如无人机舱和综合驾驶台。在这种情况下,有必要重新划分传统机组人员的职位。他们不仅必须掌握基本的导航专业知识并具有良好的专业技能,还必须具有一定的计算机应用能力,能够熟练使用英语进行交流,并且船舶驾驶员还需要具有扎实的机舱知识。

有船员的远程控制船舶。当船舶发展为远程控制时,船舶对船员人数的需求将减少,但对船员的要求更高。船员需要能够解决和应对在操作中遇到的紧急情况,避免远程控制系统出现故障,进而造成船舶运营生产事故。船员还需要具有良好的适应能力、一定的互联网技术知识以及对人工智能、传感器和其他技术的掌握,从而确保船舶的正常航行。

没有船员的远程控制船舶。船舶完全受到远程控制之后,船员的工作地点将不是在船上,而是在岸上。船员可能没有船舶维护技术或船舶机械设备的操作技术,但必须具有虚拟实现技术和互联网技术;同时船员还有必要真正掌握人工智能的操作原理,并能够通过遥控和调度确保船舶的安全航行。

无人自主航行船舶。当船舶的智能化发展为无人自动船时,就意味着人工智能已经达到了与人类大脑相当的水平。无人自主航行船的整个操作由人工智能处理,但仍然需要人员输入指令。在此阶段,"船员"一词可能不再存在,而是由岸上远程控制人员代替。

基于以上分析,智能航运背景下航海专业人才素质主要由四个方面组成:职业技能、专业知识、专业能力和综合素质。其中,专业知识结构不再仅仅停留在掌握传统导航知识和操作技能的阶段,还应包括对物联网、虚拟现实、人工智能、大数据等最新知识的学习和应用。尽管将来的船员工作将不再与船舶直接接触,但是导航技术和海洋工程等基本的职业操作技能仍然是必不可少的。同时,船员还需要增加诸如基于岸边的远程支持,人机交互协作以及远程故障诊断等技能。除船舶驾驶和发动机维护等传统基本专业技能外,专业能力还要求船员改善其信息和情报,包括数据信息转换能力、协作决策能力、优化管理控制能力以及模式识别能力;综合素质还要求从业人员具有根据现场环境解决问题的综合思维素质,包括创新思维、研究思维和大数据思维等必要素质。

当前的航运业处于新的发展时期,但海员的社会地位和社会认同感还有待提高。航海院校人才专业培养方案和课程体系受限于 STCW 公约(MSC 93/13/1. 示范课程定期报告,2014)和《中华人民共和国船员培训管理规则》,学生的培训同质化并缺乏职业的创新,对行业发展的新形势缺乏前瞻性。设立的课程没有体现航海教育面对大变革应有的准备,培养航海人才的质量较低。

(3)智能船舶发展阶段对船员素质培养的新要求

从上述可知,IMO 根据自动化程度将无人船分为四个级别,从级别的分类可以看出,船舶的智能需求将逐步实现无人驾驶,不同的阶段对于船员的素质有不同的要求。

①具有自动化流程与决策支持功能下的船舶所需的船员素质

当下船舶自动化程度处于此阶段。远洋船舶上按照国际公约要求配备了自动识别系统、雷达、电子海图、计程仪、测深仪、光纤陀螺罗经等先进的助航仪器设备,以及由这些仪器设备支持的综合驾驶台系统、自动舵、智能配载仪和自动化机舱等系统。这个阶段的船员除了根据岗位划分应具备相关公约要求的职业技术素质之外,还应提升自己的英语和计算机软件的学习应用能力。

②具有船员远程控制功能下的船舶所需的船员素质

这一阶段的船舶使用计算机、物联网和大数据分析等技术,通过连接到岸上中心来实现半自动导航,从而为船舶提供定期的安全性、环境保护和能效优化建议。当前船舶智能化进度处于第一阶段向第二阶段的过渡期。英国罗尔斯-罗伊斯公司对商用船舶进行遥控操作试验,试验过程中拖船上仍配备了船长和船员,以确保在系统出现故障时拖船的安全。该阶段的船舶减员明显,船员机组人员的定位有两个角色——机上辅助人员和岸上远程控制人员。在具备第一阶段所需的船员素质的基础上,随船辅助人员应掌握物联网、人工智能、传感器、控制理论以及虚拟现实等技术,通过远程控制保障船舶的安全运行并辅助开发人员推进无人驾驶船舶系统的实现。

③没有船员远程控制功能下的船舶所需的船员素质

这一阶段,在船舶数据分析的基础上,将港口物流信息添加到船舶中,实现船舶与岸上信息的无缝连接,实时、动态地实现导航、船舶调度和港口作业的优化。船舶信息交互已经发展到这一阶段,阻碍无人驾驶船舶发展的技术难题应已被攻克。为了保障在突发故障时船舶的航行安全,船上可配备机器人从事辅助性工作,船员全部转移到岸上,成为"陆地航海家"。船员不再需要掌握船体的维护和设备的操作以及机械设备的使用等基础性技能,只需专注于保障船舶安全运营的操纵、调度和遥控等方面的工作,掌握物联网、虚拟现实、人工智能以及控制理论等方面的知识,以正确辨识系统运行时的异常现象并及时处理故障。

第六章

海员职业与海上生活

海员在船的生活大部分是枯燥的，面对茫茫大海，忍受着常人难以忍受的孤寂；有的海员由于工作性质，不得不忍受高温、油气、噪声等恶劣环境。当然，海员也有威风的时候，当驾驭着超级巨轮，自豪感也油然而生；当看到船尾飘扬的五星红旗，海员的尊严、责任和荣誉并存。

海员的职业特点

海员的职业生态环境

海员职业的特殊性之一在于面临的职业生态环境与陆上人员或其他职业人员不同,主要体现在自然环境、船舶环境、货物环境、船上管理系统和社会大环境等几个方面。

自然环境

与普通的职业不同,自然环境对于海员有着特殊的意义,因为他们在工作中与自然环境的关系远比绝大多数职业要紧密。我们说海员是弄潮儿,是与风浪搏斗的勇士,一是因为海上的风浪远超陆地海岸的风浪级别,二是海员不可避免地要在台风、巨浪、强流中航行。

在台风中,一艘两三百米长、四五十米高的数万吨巨轮,与巨浪相比也不过是一叶扁舟。台风中的海浪可以轻易拍打到平时看起来高高在上的驾驶台,或者一个海浪就将整个前甲板覆盖,这些都是常见的事情。海浪的力量是巨大的,看似坚实的钢质桅杆也可能被巨浪轻易打断,船的钢制舷墙也可能直接被巨浪打变形。船舶空载时,在巨浪中摇晃幅度尤其大。但浪有时还会把船舶托到波峰高处,然后重重地摔到波谷,船舶结构的坚固性也会经受极端考验。这些都是在台风中发生事故的潜在威胁。

风浪对于海员来说,不仅意味着安全威胁,还意味着有晕船的糟糕体验。不晕车的人很多,但是不晕船的人很少,而且晕船的难受感要比前者强烈得多。随着科技的发展,天气预报的准确率越来越高、越来越及时,船东公司对于安全运输和人命安全的重视程度越来越高,对于台风的规避也做得越来越科学,相信以后的状况会进一步有所改善。

海上气象有时是瞬息万变的,尤其是在赤道附近的海域,强对流、雷暴等天气出其不意地出现,考验着海员的应对能力。雷暴、大雾等天气会造成驾驶员观察视线受阻,直接影响瞭望效果,从而更多地依赖于雷达等电子设备的观测信息。

较强的海流有时也会给航海带来麻烦。当海流形成时,路过的船舶会不知不觉地被带离原本的航线,如果不能及时察觉,被海流引入未经开辟的航道,容易引发触礁、搁浅等危险。

一些远洋航线会途经南北极等高纬度地区,还有更多的航线会穿越赤道热带地区。极端的气温体验对于人的适应性提出了一定的要求和考验。这种考验不仅仅会使身体的舒适度下降,还存在一些危险的因素,比如,北极地区气温非常低,即使在夏季,也是长年结冰,需要破冰船引航。在北极航线上行驶时,外部气温极低,室外遇水就结冰,甚至在空气中的湿气遇到船体上的金属设置,也会凝结成厚厚的冰霜层,增大了安全事故的概率。由于极地磁场的影响,船上的传统磁罗经在极地地区也无法正常工作,对于方位的确定有一定的影响。极地的自然条件给航行带来了意想不到的风险。而赤道附近的气温非常高,通常在 40 ℃左右,而且海面上空气通透度好,阳光照射强度大,对于在船舱外工作是极大的考验。中国的绝大部分地区都属于亚热带或温带,所以热带的高温作业环境对于中国海员来说绝对称得上是挑战。

现代远洋航行通常都依赖于电子海图,并严格按照已经探明的海上路线来设计航行方案,这些相关的技术日趋成熟,相关的数据日渐翔实,从而为船舶的安全航行提供了基本的保障。但是,正因为航线固化,在同一区域内的船舶都要行经同一条路线,所以有的航路的繁忙程度就会非常高。在全球著名的国际航道中,马六甲海峡、巴拿马运河、苏伊士运河、土耳其海峡、英吉利海峡等都是非常繁忙和拥挤的海上通道。越是繁忙的航道,对于航行的安全性要求就越高,考验就越大。除了这些著名的繁忙航道,其实对于商船来说,有些风险来自传统的捕渔区及其附近水域。渔船数量多、吨位小、机动性强,管理不如商船严格,经常会有一些无规则的驾驶行为,比如随意掉头、抢行等,这些都是安全隐患。

据统计,船舶碰撞事故大多发生在港口、狭水道、航道交汇点、渔区、能见度不良的区域。这些区域具有船舶密集、会遇频繁、交通情况复杂、航道和自然环境不尽如人意、回旋余地小等特点。船舶雾航时间虽然很短,但雾中碰撞事故占全部碰撞事故数量的30%~40%。此外,大潮汛日前后3~4天碰撞事故易频发。

大海虽然给海员带来了危险和挑战,但它独特的风光也是对于海员的极大馈赠。大海在不同的天气下,会呈现出不同的风景和不同的颜色,不同的海域也会有不同的景象。海上看朝霞和晚霞是很寻常的,晴朗夜晚的星空清晰地呈现在头顶,这些城市生活中的珍稀景色都是海员的日常所见。海上航行时还能经常看到海豚、飞鱼甚至鲸鱼。作为一名海员,如果有幸穿越南北极航线,则有机会看到常人梦寐以求的极光现象、冰海航行的壮观场面。而异域风情对于海员来说更是家常便饭。这也是很多年轻船员极为珍视的职业福利之一(见图6-1)。

图6-1　航行中的风景

船舶环境

船舶既是海员的工作场所又是他们的生活场所,而且具有无可替代、无可回避的特性。除了宇航员等极特殊职业之外,这样的情况在其他职业中非常少见。这种特性造就了船员在船工作独特的船舶环境。

船型种类很多,常见的运输船有干散货船、液货船(油船、液体化学品船、液化气船等)、集装箱船、杂货船、冷藏船、滚装船等,常见的工程船有破冰船、挖泥船,常见的海洋开发船有科考船、钻井平台、石油平台支援船(OSV)等。现在网络资讯发达,我们能够很容易了解各种船型的特点。

各种船型存在载重吨位的差别。吨位上的差别除了意味着船舶的长度、宽度以及高度等这些外形差异外,也意味着工作和生活的空间有差异,船舶的动力也有差异。各种船型也存在着船体结构设计上的巨大差别,以适应特定功能的需要。这些都关系到海员的工作和生活体验。

远洋船舶上除了工作设施之外,都配有一定的生活设施,比如休息室、娱乐室、健身房等。不同的船东、不同的造船年代、不同的船型,都会影响到船上设施的舒适程度。通常大的航运企业基于多种原因考虑比较重视船员的福利,新造船舶时会充分考虑到船员工作及生活的舒适性,设计的相关设施比较完备,娱乐、健身、休闲、饮食等设施一应俱全,除了上述基本必备的设施之外,还可能会配备桑拿房、游泳池等特殊设施,以提升海员的海上生活舒适度。一些老旧船舶建造的年代较早,生活设施硬件不足,工作空间以及生活空间的设施状况并不尽如人意,与新造船舶相差较大。

绝大多数现代远洋船舶都是用钢材制成的。除了生活区少数的软装饰之外,几乎所有船上设施,无论是船体、甲板还是工作区域,油漆之下均为钢材。在这样的环境下作业、生活的危险性也相应较大,稍不注意,发生碰撞、跌倒等情况,都容易造成较大的伤害。

船舶的机舱是一个特殊的场所。机舱是船舶的动力装置——主机所在的位置,具有温度高、噪声大两个特点。通常机舱温度都在30 ℃以上,锅炉附近可以达到40 ℃,甚至更高。管道和锅炉需要定期清洗,通常由轮机部人员负责。这种高温下的作业极具挑战性。机舱内充斥着马达的轰鸣声、各种设备和船体的共振声。因此,在机舱内交流时,人需要喊出来,以便对方能在各种干扰下听清楚。

新船与老龄船之间的差别也不仅仅是工作设施的自动化程度和生活设施的舒适性的不同,还体现在设备的老化所带来的安全隐患方面。一些经常使用的设备,外表看似完好,但内部可能已经出现了金属疲劳现象,容易在极端情况下发生故障,酿成事故。例如由于老旧锚链机、缆绳桩、钢丝绳等出现金属疲劳未被发觉,作业时在受到较大外力的作用下突然发生断裂而导致的安全事故屡屡见诸报端。

货物环境

货物是海员在船工作时不可避免要接触的事物,也是海员工作环境中的一个重要组成因素。因载货种类不同,产生了不同种类的船舶,如集装箱船(见图6-2)、油船(见图6-3)等。

货物按照形态和装运方式,可以分为件杂货、固体散货、液体散货、集装货物、特殊货物;按照装载位置,可以分为舱内货和甲板货;按照货物的理化特性和运输保管要求,可以分为危险货物、重大件货物、散装货物、液体货物、气味

图 6-2　集装箱船

图 6-3　油船

货物、食品货物、扬尘污染货物、清洁货物、冷藏货物、易碎货物、贵重货物、活牲畜货物、普通货物;按照物理性质,可以分为湿性和散湿性货物、挥发性货物、热变性、冻结性和溶化性货物、胀缩性和物理爆炸性货物、放射性货物;按照化学性质,可以分为氧化性货物、自热自燃性货物、腐蚀性货物、化学爆炸性货物;按照生物性质,可以分为呼吸作用货物、化学作用货物、微生物作用货物和虫害作用货物。

　　不同的货物对应不同的安全管理操作规则,与船员的安全息息相关。比如钢材、木材以及·些超规格货物的捆扎固定,如果出现一点松懈,遭遇风浪时将有导致配载失衡而船翻人亡的危险;液态货物如果限制流动失败,或者溶化类、溶解类货物如果在风浪中船舱进水而流态化,容易导致船体倾斜而无法及时恢复平衡,结果发生倾覆事故;危险货物中有毒性、易燃易爆的货物对于海员来说尤其危险,由此产生的意外事件屡见不鲜。联运保赔协会2019年发布的一份报告显示,看似安全性高的集装箱船,大约每60天就会发生一起起火事件,其中主要涉及危险品的误申报和积载不当等原因。

不同的货物还意味着装卸方式不同,在港口停留的时间也相应有所差别,这会影响到海员的休息调整。比如,集装箱船靠离泊时间长,而装卸货效率高、节奏快,因此在港时间通常比较短。《人民日报》(海外版)2019年11月26日第2版新闻显示,11月24日,在马士基埃斯米兰达轮作业中,青岛港达到了514.7自然箱/小时的船时效率。按照这个效率,一万标箱的集装箱船,只需要一天的时间就可以满装载完毕。就算加上卸载,也不过两天时间。船员几乎没有到陆上休息调整的机会,相反值班的海员的工作强度比航行期间要大很多。靠港以后,船长要应对各项检查,大副要解决装卸货和配货的问题,所以,船长和大副靠港后下船休整的机会就相对较少。

货物对于船员的影响还远不止此。海运中常常出现货差和货损的情况,比如粮食被海水浸泡、冷藏或冷冻食品变质、货物破损或丢失等。海事调查统计分析表明,人为因素是造成海上运输过程中发生货损的主要因素,80%的货损事故是由人为因素造成的。人为因素引起的货损很大程度上与船员的行为有关联,船员为此要承担相应的责任。

船上管理系统

在这个系统里包含着复杂的因素,组织结构、规章制度、企业文化、业余生活等都是其组成部分。

船上事务的管理处处体现出规则的重要性。对国际航线商业船舶的所有事务处理,除了以国际海事组织相关公约为基础,同时遵守各国海事相关管理部门的法律规章之外,通常还会体现出企业自身的管理需要。

按照现行的各项海事公约、规则的规定,国际航线商业船舶上的组织结构是基本固定的。船长统领甲板部和轮机部两大部门,具体岗位也清晰明确。

除此之外,在我国国有航运企业的所属船舶上,通常还安排有政委的岗位。很多船舶也都安排有甲板实习生和机舱实习生跟船实习,以帮助他们获得正式上岗前的技能、经验和必要资质。

在特殊情况下,船舶也有增加或减少配员的现象。

船舶上的管理比大多数的陆上企业都要严谨,等级的意识也比较强。无论是来自国际规则,还是政府部门的法律规章,抑或是企业自身的制度规定,都强化了标准规范意识。目前,世界上许多海员教育机构实行了军事化或者准军事化的管理手段,可以说这与海员职业对于从业人员本身特定素质的需要直接相关,比如美国的海事院校实行军事化管理,韩国的海事院校实行准军事化管理。

海员职业不像大多数职业实行稳定的一周五天工作日加年假的安排,由于其登船后全程处于无休假状态,所以要定期轮休。

国内航运公司在海员轮休安排上有其常规的做法:

船长、轮机长、大副、大管轮航行 6 个月轮休;二副、三副、二管轮、三管轮航行 7~8 个月轮休;水手、机工航行 10 个月轮休。

外派到国外航运企业的海员轮休安排通常为:

船长、轮机长、大副、大管轮航行 4 个月轮休;二副、三副、二管轮、三管轮航行 5~6 个月轮休。

通常企业会安排轮休的海员错开时间换班,确保不会同时有重要岗位多名船员换班,以免影响对船舶的安全管理。一年下来,因为走马观花式的轮休,大的航运企业船只数量多、海员数量大,因此海员轮休后再次一起同船共事的机会并不是太多。

船上的文化氛围一方面受到企业经营理念的影响,另一方面体现在海员之间的交流互动上。国内的海员来自天南地北,有着不同的风俗习惯、价值观念,会发生融合或者冲突。而外派船员在船上可能会遇到不同国家的同事,由于生活习惯、宗教信仰、文化背景、意识形态差别较大,再加上语言沟通不畅,文化层面的交流、碰撞与冲突往往会表现得更为激烈和明显。

民以食为天。因为有专职厨师,通常船上的伙食比较好,也注重营养搭配。厨师水平有高低之分,个人的口味有诸多差别,但是大多数情况下,船上的饮食通常不会成为海员的困扰。尤其是短线航行的船舶,可以经常靠港补给各种新鲜食物。如果是横跨太平洋这样的超远距离航线,中间又没有合适的补给点,那么新鲜蔬菜、水果的供应可能会成为一个难题。

船舶航行之后基本上就成为一个对外隔离的世界。当然这并不意味着绝对意义上的封闭,尤其是现代通信技术的不断发展,现在大多数船舶都能给海员提供日常卫星通信流量,以方便与外界进行基本的联系。除此之外,由于有限的活动空间和有限的交往对象,海员的日常世界相对简单且封闭。

社会大环境

在历史长河中,海员们以无比的勇气探索着世界,为我们留下了经久不衰的传奇,如郑和、麦哲伦、哥伦布、达·伽马……这些名字我们耳熟能详,他们的故事早已为世人所熟知。航海为人类社会的发展起到了极大的推动作用,可以说在历史上,海员扮演着物质和文化交流的双重使者身份。当然,以欧洲大航海时代(15 世纪木 16 世纪初)为代表的航海探索活动也是极其野蛮的殖民与掠夺的过程。但是从人类社会历史发展的宏观视角来看,也不可否认,它在旧时代不自觉地起到了快速、有效地传播物质与文化的作用。

随着殖民时代的终结,航运在商业运输中的作用日益重要。现代社会经济全球化程度不断加深,世界经济发展已经完全离不开航运,并在相当程度上依赖于航运。当前海运承担了全球国际贸易中90%以上货物的运输任务,其重要性不言而喻。

时代的变迁、社会的发展、科技的进步、国际政治的演变对于海员这一古老的职业会持续不断地产生影响。

自古以来,普通海员的社会地位并不高,但是高级船员(譬如船长)则一直受人尊重和羡慕。如今,海员在社会中的地位与其对社会的重要贡献仍然不相称。在20世纪八九十年代,国际航线海员是一份非常令人羡慕的职业,收入高、见识广,还有一定的国外购物免税福利。高级海员还意味着有知识、有能力、有特殊经历,回到陆地上也是稀缺人才。许多大型航运企业的高层领导,乃至交通运输部、中国海事局的重要领导都有船长、轮机长的职业经历,并引以为豪。然而随着经济的发展,船员与陆上职业的收入差距在逐渐缩小,许多有丰富航海经历的海员很难在上岸后找到高职位的工作了。

经济发展的程度也对海员这一职业有直接影响。全球化程度高、经济景气则国际贸易量就大,航运业就繁荣,海员的需求就增加,收入也会有所增加;经济不景气,贸易下降,海运需求减少,船员市场劳动力就过剩,收入也会减少。

随着改革开放,尤其是近二十年,中国社会整体经济水平显著提高,人们可以自由选择的职业越来越多,使得越来越多的人对于海员这样相对艰苦的职业不再青睐,海员队伍的稳定性也在下降,离职率也越来越高。

科技的发展对于海员来说是一把双刃剑。历史上航海科技的发展和进步,不断地改善了海员的工作安全性与高效性、操作的便利性和生活的舒适性。未来的科技能够对海员这一职业造成什么样的影响现在还不能准确预测。或许有一天新科学技术尤其是信息技术能够抹平海员与陆上职业在个人发展和提升中的一些弱势,抑或是人工智能的发展促使自动驾驶普及,对整个海员职业的未来存续形成挑战。

国际政治局势对于海员的职业影响也是不可忽略的。国家间的政治关系最终会反映在贸易关系和文化关系上。例如,在混派船上工作,可能会与各种国籍的海员共事,国家间的政治争端很可能会诱发海员个人关系之间的矛盾和隔阂。这些是难以避免的。

海员职业特征

梳理上面提到的海员职业生态环境,我们可以发现海员职业的一些特征,即两极性、模式化、风险性和封闭性。

两极性

两极性一方面体现为陆地与海洋的两极性:人是陆地生物,陆地上有人们熟悉的生活环境和生活秩序,无论是饮食起居还是人情往来,都是相对稳定的。海洋则具有极大的风险性,对于海员而言,打破一种常规的、熟悉的生活模式,再去建立一种不寻常的生活模式是需要一个适应期的。而在这一过程中,晃动、噪声、温湿度、饮食、作息等问题也会加重海员的不适感和焦虑情绪。

另一方面体现为海上工作情境的两极性变化:平时风平浪静,船舶正常航行时,由于船舶现代化水平高,船员值班并无太多紧急事情处理,加之船上环境单调,更使船员不为杂事干扰、很多时候比较安闲。例行公事的仪表观察、事务处理已经驾轻就熟,这就使船员应激水平处于较低的状态。但是,一旦气象海况骤变,或者船舶本身出现机械故障,抑或遭遇其他险情,海员的心理应激水平随之冲向极高。受制于责任和自身的安危意识,船员此时必须全力以赴、同舟共济、团结奋斗、排解风险。这就好像一根琴弦,经常在松紧两极间变化。这种特点使船员的心理逐渐带有极端性特征,这种特征甚至会影响到生活的其他方面。若经常在这两极间剧烈变化,适应期内也会导致海员心理弹性的减弱或丧失,使得个体应对情境变化的能力下降。

但是,如果海员能采取一些积极的应对措施,就不一定出现适应性下降和心理创伤等不良后果。比如,海员可以通过积极锻炼身体、学习知识技能、培养良好的兴趣点、提升心理素质等来增强适应能力,也可以进行积极的自我暗示,对工作和生活多一些美好的预期,这些都能够帮助海员对抗两极性所带来的负面影响。

模式化

船舶是一个特殊的工作环境,随着社会的发展,船上逐渐形成了模式化管理的特征。国内的主要航海教育类院校均采用了较为规范的严格教育、管理和训练的方式,强调组织性和纪律性的养成,也是为了让学生在就业以后能够尽快适应船上的管理情境。

第一,船上职务等级严明。一艘大船,本身造价就几千万元,甚至上亿元,船上运载的货物的价值也往往会远超船的本身价值,如果出现货损、碰撞、污染物泄漏等事件,足以让一个中型规模的企业破产。大海茫茫,出现危急情况时,海员必须听从指挥、有序运作,才能保证生命与财产安全。因此,需要赋予船长绝对的权力,船员则需要树立严格的纪律和服从意识。船长决定船员的考核评价,决定船员的职务晋级,决定船员的奖金分配。船上其他船员也有明确的权责,以确保船上各项工作责任到位、秩序井然。

第二,工作时间相对固定。海员在海上遵循着严格的值班制度,由当值驾驶员、轮机员、水手、机工分别按时轮流工作,海员的角色职能限定了其当值的时间段。尤其是夜间值班的海员,在打破了自然生物节律的前提下,这一固定的值班模式难免会造成一定的身心疲惫。船上的工作时间是程序化的,大副、二副、三副和大管轮、二管轮、三管轮的轮流值班制。

第三,操作流程的机械化。船上有严格的管理制度、安全操作条例等,要求每一个海员都必须各司其职、各负其责。在常规工作中,有些海员会因为技能的熟练化和部分工作的重复性而放松警惕,从而滋生疏忽大意的心理,而且这种僵化的工作模式也会在无形中造成海员死板、缺乏热情、情感冷漠等心理特征。每天工作的内容千篇一律,机械重复的内容为绝大多数标准的程序化工作,日复一日,极容易产生倦怠感。不论工作是否辛苦,在船上要航行,就要值班,驾驶室、机舱都要值一天 8 小时的班,连续值班会比较累,特别是值晚班。

第四,生活情境的单调性。由于船上条件所限,海员的海上生活显然缺乏丰富性和多样化。与五彩斑斓的陆地生活相比,海上生活的单调感是不言而喻的。如果每天的闲暇时间都吹吹海风、看看日落,一个月、半个月还觉得很惬意,时间一长,就会感觉乏味了。船上共事的同事人数较少,如果船上人际关系再不和谐,更会加重海上生活的孤寂感。

这种严格的等级制度自然而然地会约束我们,会让一部分天性放荡不羁的人感到压抑,产生心理冲突。不过,需要指出的是,一定的模式化水平(如值班制度、操作规程等)是安全航海的前提,是非常必要的航海要求。但是,海员也可以通过一些有效的举措来适当打破生活的模式化,比如培养积极的兴趣爱好或开展群体性的文娱活动来丰富船上的生活体验,有助于抵消由过度模式化所造成的心理僵化和生活满意度下降。

风险性

第一,海上风险具有不可预知性与不可控性。尽管现代航海业的安全系数已有了大幅度的提高,但是再先进、再精密的导航与助航仪器也仍然不能完全规避海上变幻莫测的气象海况和突发的机械故障。很多人认为船用电子设备的自动化、智能化程度越来越高,精度、人机交互友好程度等指标也越来越好,设备越来越可靠。但是生活中的经验告诉我们,再先进的计算机、再高级的设备都有毫无征兆地出现故障的时候。船舶的设备也是一样的,总有一些故障和风险是无法完全规避的。

第二,航海致险因素多,风险性高。航海的风险性主要体现在搁浅、碰撞、翻船、起火、爆炸、毒气泄漏、设备故障、个人冲突、海盗袭击、偷渡、船东债务纠纷等方面。航海事故发生后,产生严重后果的可能性较大,对于船员的安全威胁远超陆上的大多数职业。

碰撞、翻船、爆炸、有毒和有害气体泄漏等事故经常发生,所以其危险性是被普遍认同的。但某些风险发生的概率虽然比较小,但其后果是非常严重的,这往往容易被低估。

海盗袭击事件在一段时间内屡见报端。前些年为我们熟知的是索马里海盗和亚丁湾海盗。世界上危险的海盗区域并不仅仅是这两个区域,近年来,几内亚湾也成为海盗的主要活动区域。国际海事组织官方统计数据显示,从1984年到2017年年底,海盗记录累计达7770次。2010—2017年的统计数据显示:海盗报警记录共发生2690起,被海盗绑架的海员数量总计2519人,被劫持的船只数量总计182艘。

2018—2020年的统计数据显示,海盗活动并没有下降,报警数量、被劫持的海员数量与船只数量均维持在2017年相当的水平。海盗劫持虽然是低航率事件,但是一旦发生,对于海员的生命安全威胁是巨大的。

有些国家的港口边防管理不严格,会发生偷渡人员混入船上的情况。偷渡人员通常随身没有携带任何证件,即使被发现也极力避免透露自己的国籍等身份信息。如果在船舶起航前的检查中没有发现偷渡人员,而在公海航行之中才发现,那么船舶将陷入非常难堪的境况,既不能返回始发港将偷渡人员放下,也无法在其他国家将其放下,只能在回国的时候报送本国边防处理,还要接受相关处罚。在航行过程中,偷渡人员如出现任何意外,船舶管理人员还将承担相应责任。

由于船东债务纠纷、破产重组等导致的海员滞留境外无法返航的事件也屡见不鲜。2016年,某船舶代理公司的上级集团公司破产重组,导致其正在南美作业的捕捞船上的20多名船员在海外漂泊两年多无法回国。同样是2016年,南京某船务公司在运营过程中欠外方10万美元加油费,不久公司破产。该公司所属的货船在靠泊印度港口时,外方按照国际通行做法,在印度孟买高等法院起诉,法院对该船发出扣押令。船上23名船员被困在印度港口内数月,既无法驶离,也无法下船回国。真可谓"人在船上坐,祸从天上来",防不胜防。好在,最后我驻外使馆出面内外斡旋,发挥了领事保护的作用,最终使得该船海员们被放行回国。

第三,风险性还体现为海上救援困难。陆上的安全事故通常能够得到及时的救助或支持,而且救援的来源比较广泛。海上安全事故发生地通常距离陆地较远,可用的救援资源、救援手段有限,有限的救援力量也无法及时到达施救,缺乏陆地救援的便捷性和时效性。另外,海上状况瞬息万变,船舶空间小、船体结构复杂、海员避险的选择余地较少,这些都会加大自救以及救援的难度。

客观环境无法改变的情况下,想要降低航海风险,更多地要从海员自身做起。首先,海员要建立合理的观念,牢记人是航海安全的核心要素,只有自身关注安全,才有可能减少安全事故的发生;要积极调整心态,消除逆反、倦怠等不良态度和情绪,认识到工作模式化对于减少事故、降低风险有着重要的意义。其次,要增强风险意识,不断增强专业技能,锻炼身体,提升心理素质。以更好地应对突发的未知风险。最后,如果事故已经发生,且不可逆转,要采取合理的避险措施,不能逞英雄主义,蛮打蛮干,要在保全自身的情况下,再考虑减少财产损失。

封闭性

第一,封闭性体现为生活和工作空间封闭。空间的封闭导致海员的活动范围受限,在工作场所生活,在生活场所工作,也间接使得海员的职业与生活中的角色界限感不够清楚。有的海员自我调侃是"装在笼子里周游世界"。工作场所的封闭并非海员独有的,但是生活场所也封闭是很少见的。生活场所的封闭会导致业余生活的选择性较少,因此海员的生活相对来说比较单调,很多船员在工作之余的娱乐消遣多为船上内部联网打游戏、看电视剧、打乒乓球、健身、看书等,时间一长难免乏味。另外,心理学的研究表明,封闭空间内的电缆、电线及电器的磁场也会对人类的大脑和神经系统产生干扰,可能造成神经功能失调、情绪低落、记忆减退等不良后果。

第二,封闭性体现为信息的封闭与滞后。这种信息封闭的情况在 2000 年以前尤为突出,因为卫星宽带通信在那个时期刚刚发展,通信效果尚不尽如人意,而且使用成本也比较高,还没有普及。在这种状况下,海员在航期间几乎无法与陆上的家人、朋友及时交流沟通,也无法了解外界正在发生的事情。只有在靠港之后,海员才能跟家人和朋友联系,才能通过一些国外的媒体渠道获得一些时事报道,信息的滞后是非常明显的。近年来,卫星宽带通信技术发展迅速,从效率到成本都得到了明显的改善,但由于海上条件所限,海员与亲友的通信联络仍会有所限制。一些航运企业已经能够做到为船员提供限额上网流量,但是对现代人的实际需求来说,可能只是杯水车薪。所以,虽然信息的封闭状态已经大有改观,但是仍然会受到限制。个别航运企业考虑到运营成本等因素,还没有为海员提供类似的上网服务,导致一些海员感觉自己与时代、与社会脱节,久而久之,容易自我封闭,人际敏感性和灵活变通的能力降低,妨碍其人际关系的正常发展。

第三,人际交往圈封闭。空间上的封闭和通信上的制约,间接导致海员人际交往圈的封闭。现代商船上的海员配额有限,大多数在二十人左右,除了分成甲板部和轮机部两大组,还要分成三个时间段(0—4、4—8、8—12)来进行值班。在这种工作规则下,海员之间能够有机会交往的人就更少了。内部的同事缺乏交往,外部的人员也难以通畅交流,因此海员的人际交往相对于陆上人员来说是相对封闭的。

第四,异性之间交往受限。海员都是成年人,对于异性交往有着心理和生理上的需求。但是,远洋商船上绝大多数的海员为男性,少有女性从事远洋海员职业,这就导致海员与异性交往的内在需求与现实条件之间的矛盾。已经成家的海员可通过经常与家人联系,缓解情绪上的紧张。对于刚刚参加工作还没有伴侣的海员来说,这一点就成为一个潜在的心理压力源。

虽然空间的封闭难以打破,但是,心境的封闭却可以解锁。海员可以通过适当增加开阔区域(如甲板)的活动来寻求心境的释放,也可以培养一些室内兴趣爱好来打破闭锁的心理,例如练一练书法、打一打养生太极拳等。还有一个很好的方法,就是在每次上船之前,多买一些书籍带到船上,闲暇时看书学习,也是一种紧跟时代的方法。虽然信息更新得很快,但是知识的更新并没有那么快。对于一个人来说,知识的更新和拓展远比信息的更新更重要,所以海员不要为自己的信息封闭担忧,应该考虑利用充足的业余时间来进行学习以提高和充实自己。当然,如果船上已经具备与陆上自由联系的条件,那么境况就会改善许多。曾经有海员说:"能隔着好几个时区相爱,被遥远地牵挂,真的是一件挺幸福的事儿。"距离也许会产生隔阂,但也会产生美,会让人思考那些寻常生活中没有关注到的珍贵之处,因此生活也多了份美好,多了份意义。积极地去看待海员的封闭性,也能发现其积极的一面。

总之,即使外部环境不良,海员依然可以通过自我能动性的发挥来改善心境,从而避免对心理健康的损害。

职业环境对海员心理品质的要求

海员是一项特殊的职业,也是一项伟大的职业。从事了这份职业,就意味着要扎根在特殊的职业环境中,就要经受住它的考验。特殊的生态系统对于海员提出了特殊的要求,要成为一名优秀的海员,需要具备一些良好的心理品质。

对异常情况的敏锐觉察能力

对危险源的忽视往往是安全事故发生的开始。优秀的船员应当对工作环境中的危险信息具有敏锐的觉察能力,第一时间感知危险源,把危险化解在萌芽之中。随着航海科技的进步电子设备逐步智能化,越来越多的参考信息能够被提供,来帮助海员做出及时、准确的判断,避免事故或灾难的发生。

对于异常情况的觉察,需要丰富的职业经验、生活经验以及良好的专业素养,人工智能在可见的未来,也还不能全方位替代海员对此进行主动思考和判断,而只能是作为人的助手,因此,对于异常情况的敏锐觉察能力是海员必不可少的心理品质。

高风险情况下的果断决策能力

航海总是要面对一些不可预测的风险,海上的危险事件往往与生命安全紧密相关。当危险真的来临时,在电光石火之间,海员需要及时做出恰当应对,这对海员的果敢性提出了较高的要求。尤其对于高级海员而言,作为决策的制定者,更是肩负整艘船和整支海员队伍的安危重责,能否结合自己的专业技能和经验当机立断,其果断决策的能力决定着转危为安还是深陷困境。

紧急情况下的心理稳定性

海员在航行中遭遇异常的气象、突发的故障、意外事故等紧急情况是难免的事情。面对突如其来的紧急状况,优秀的船员能够头脑清醒,不被恐慌情绪所支配,保持专注,沉着应对,正常发挥出专业技能水平,才能化险为夷;若是心慌意乱,便会忙中生乱,乱中出错。

单调状态下的心理耐受能力

船上的日常工作和生活相对于陆上而言比较单调。海员的工作存在模式化的特点、海员日复一日地做着标准程序的工作。循规蹈矩,缺少变化,容易造成心理疲劳。船上业余生活也缺乏选择,只有屈指可数的娱乐消遣项目。虽然当代海员的物质生活已不再艰辛,但人际关系的淡漠、社会角色的缺失、精神生活的寂寞成为吞噬海员健康心理的怪兽。对于当代海员说,能耐得住海上生活的单调才能真正适应这一职业。当然,单调是相对的、因人而异的,如果海员有足够的生活情趣,依然可以收获多姿多彩的海上时光。优秀的船员可以调整自己的心理状态和行为,让自己不松懈、不马虎大意,不被消极情绪所左右,保持良好的工作状态。

求生状态下的坚强意志品格

一旦发生严重的海上事故,海员可能要面临弃船逃生的抉择。海上求生条件极度恶劣:风大浪高,水温低;白天日照强烈,容易灼伤皮肤,晚上阴冷,浸泡在海水里容易失温;缺乏淡水食物;等等。对于弃船求生的人来说,这些都是需要面对的极端考验。在海上救援相对困难的情况下,永不放弃的顽强的意志品质就会成为支撑海员渡过难关、赢得更多外界救援时间的重要因素。优秀的船员在遭遇诸如弃船等极端的危险情况下,应当以坚强的意志,保持求生欲望,积极求助和自救,不放弃任何生存的希望。

海难后的心理康复能力

经历海上事故,海员可能会产生应激性障碍,出现极度的害怕、无助或恐惧感,表现为回避现实、易激惹、睡眠困难、对未来失去希望和信心。创伤后应激障碍常常延迟发生,在遭受创伤后数周甚至数月才出现,病程有时可长达数年,所以对于海员来说危害性很大。除了需要接受专业化的心理援助之外,海员自身的心理康复能力也非常重要。优秀的海员能够依赖于自身良好的生活习惯、积极的人生态度以及坚韧不拔的意志品质,积极应对,从创伤中尽快康复,回归常态。

良好的跨文化社交能力

同一艘船上的海员不仅来自不同的地区,甚至来自不同的民族、国家,在生活习俗、宗教信仰、价值认同、政治观点等方面存在差异。如何在具有巨大文化差异的前提下,建立和谐的人际关系,实现工作上的团结合作,以及生活中的尊重友好,也是对优秀海员的一项基本要求。

船上工作与业余生活

船上工作

船上的工作大部分时间是平淡的,每天都重复着相同的工作。但是,海上工作很多时候又充满了风险,因为船舶在不同的海域,会遭受不同的挑战,包括恶劣天气、海盗侵袭、航道繁忙等;大部分船员都要忍受晕船的煎熬。

可是,船员也有豪情的时候。当穿着制服,挂着望远镜站在驾驶台的时候,家便不在念中,尘世的烦忧不在念中,眼睛里只剩下前方。

业余生活

船上也会有许多乐趣,其中在大海上游泳就不是一般人能享受到的。超过5万吨的船通常都建有小型的游泳池,劳累了一天的船员,通常都会在晚饭后在这个小游泳池游一游。图6-4中的"游泳池"不是专门的游泳池,而是空载时,将货舱装满海水,以保证船舶具有足够的稳性和强度,以抵抗可能遇到的大风浪。这个"游泳池"宽可达20多米,相当于一个标准短道泳池。

航行中,虽娱乐节目少,但是可以选择适合的休闲方式,如去健身房打一打乒乓球,踩一踩单车……

在长时间的航行过后,抛锚或者靠码头的日子是过得飞快的。可以上网跟家人视频聊天,可以悠闲地钓鱼,可以下地购物、闲逛,领略异国风情。最重要的是有时候家属可以来探船。每个海员心中都有家人,每次家人来船探望的时候就是他们最幸福的时光。

每次海锚扎下去后,海钓(见图6-5)就成了船员最快乐的娱乐生活,钓上来的各种海鲜又有各种吃法。

逢年过节包上一次饺子,虽然包的饺子形态万千,南北各异,但重要的是

图 6-4　船员在货舱里游泳

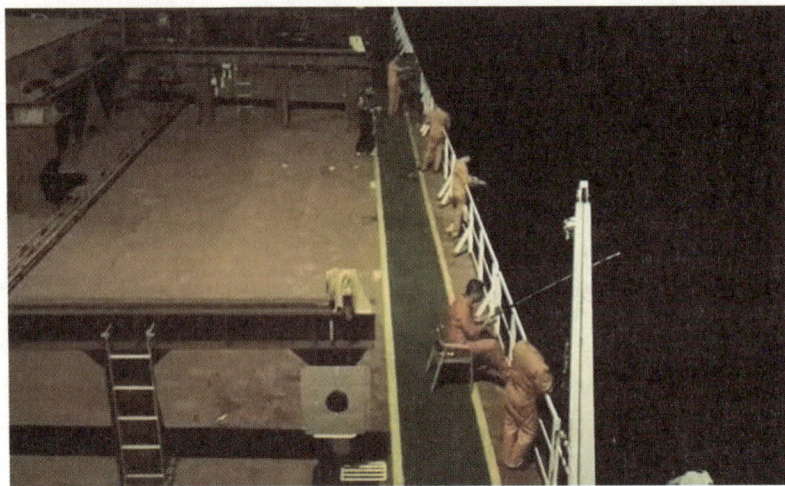

图 6-5　海钓

那过程。要是有家属在一起那就更好了(见图 6-6)。

　　每次靠岸对于船员来说跟过年那样高兴,因为可以下地,沾沾地气啦!逛街、购物(见图 6-7)、娱乐休闲,大家在这喧嚣繁华中流连忘返,忘却了远航的烦恼。

图 6-6　船员家属包饺子

图 6-7　船员国外购物

海员的身心健康与饮食

海员的健康一定不能忽视!

船上工作是勇敢者的职业。在海上的日常生活中,船员不仅要远离家人,面对日常的无聊和偶尔的恶劣天气,还要从事许多高风险的关键工作,包括高空作业和封闭场所作业,但最重要的是船员的健康问题。

为了船员自身的健康船员们应当注意什么呢?

(1)大多数情况下,船员自己是知道自己身体的实际健康情况的。因此,如果有任何健康问题都需要重视并应在上船前处理好。最重要的是,慎重决定是否上船工作或者上船的时机。

(2)负责船舶药品及医疗管理的船长或驾驶员,应认真负责,及时申请补充消耗掉的药品并及时处理过期药品。生病的船员需要用药时,应采取多种安全措施,确保对症用药并做好用药记录。

(3)船长应尽早向装货港代理索取发货人的货物声明书,在收到该货物声明书后,船长及大副应根据其说明并参考《国际海运固体散装货物规则》或《国际海运危险货物规则》等,向所有船员介绍所要载运货物的危险特性及可能出现的潜在危险以及应采取的相应预防措施。

(4)应使用有效的个人保护装备。上船后,需要检查自己用的个人防护装备是否有效。在机舱等噪声较大的相关场所工作时,需要佩戴防噪装备等。

(5)在使用化学品/油漆等物品之前,应先阅读其材料安全数据表并根据要求采取安全措施。喷涂油漆时,应注意对眼睛及皮肤的保护。

(6)船舶管理层应要求每周检查船舶的生活区/居住舱的清洁和卫生状况,确保船员的生活环境是干净卫生的。船上的垃圾应根据规定及时分类处理,防止腐臭。

(7)应每周对伙食/伙食库及饮用水进行检查,每月进行伙食盘点,剔除过期或者变质伙食。大厨在进行烹煮前,应再次核实以确保伙食安全,防止食物中毒。

(8)在接受物料/备件时,严格根据公司的有害物质管理程序,核实待供船的物料/备件是否有有害物质。

人人难逃的晕船

在海上航行,与陆上明显不同之处就是"晃"。船舶在海上航行,受到海上的风、水流、波涛等的影响,使船身摇晃不止。加上机器运转引起的震颤和振动,使船员经常处于颠簸和振荡之中。这些不规则的运动刺激海员的平衡器官,有的海员就会出现面色苍白、眩晕、出冷汗、恶心呕吐等一系列症状,也就是我们所说的晕船。

晕船不仅让海员产生痛苦的感受,也使其工作效率明显下降、思维迟钝、体能消耗大、易疲劳,甚至严重的晕船可导致海员自制能力丧失。晕船对于海员的值班、作业、进食等都会造成不同程度的影响。在晕船的情况下海员也不得不坚持岗位去履行职责,难度可想而知。

船舶的摇摆主要是横摇和纵摇,通常后者对于晕船的影响更大。对于大型船来说,垂荡是引起晕船的重要原因。除去生理结构对于晕船的影响,不良的劳动环境、睡眠不足、过度疲劳、饮食不当、暴饮暴食、过度饥饿均可使晕船的发生率增大。

晕船是海员在感知觉方面需要克服和适应的最大挑战。晕船与晕车一样,属于晕动病的性质。晕动病在不同年龄、性别上有一些差别。女性比男性更容易晕船、晕车,儿童对晕动病的忍受性最强,2岁以下儿童几乎不患病。2~12岁时患病性逐渐达到最大值,忍受性随着年龄的增长而逐渐增强。但是也有一些研究显示,老人免疫力最差,在英吉利海峡上的晕动病患者中有22%超过了59岁。大约有5%的人永远也无法克服晕动病。在美国早期的研究中发现,10%~30%的海员在正常航行中都会有晕船的情况,在最糟糕时,晕船率为50%~90%。但大多数人经过一定的适应期后,晕船症状会慢慢减轻,这就是适应。适应之后还要不断训练,巩固效果,否则3~4个月不航行,又会再晕船。

晕动病是敏感机体对超限刺激的应激反应,目前主要依靠吃药来临时解决,其他的调节方法只能有限缓解晕船感受。绝大多数人最终通过多次的晕船经历,逐渐适应。海员要对这个过程有心理准备。当然,在现实中,的确发现有在海上工作多年后仍然无法摆脱晕船影响的海员。

如果预知风浪来临,还可以做到以下几点以缓解晕船:

(1)不要空腹,不要吃得太饱,不要吃油腻的食物。

(2)保持环境空气清新。

(3)保持视觉的水平线稳定,目视远方或者闭上眼睛,不要看窗外那些晃动或一闪而过的东西。

（4）不要在船舶摇晃的时候看书、看手机、看电脑屏幕等。

（5）平躺或向与船舶摇晃的相反方向运动。

（6）保持愉快情绪、心平气和，自我暗示不会晕船，转移注意力，做一些感兴趣的事情。

（7）保证有充足的睡眠。

海员心理健康与人际关系

现实生活中，由于种种原因，船上的人际关系具有明显的不同于其他职业的特点。由于公休、探亲或人员调动等原因，船上几乎每一个航次都要更换一定数量的船员，这使得船员之间比较生疏，加之值班频繁，彼此之间接触交往不多，除了工作时间外，心灵沟通与感情交流的机会比较少。每艘船的设备、管理风格等都存在一定的差别，为了适应新的环境，船员要主动调节自己的行为，如果不能及时适应，就会带来精神上一定程度的压力。

角色的单一

在船工作的船员，每天主要扮演的是固定角色，只有少数时间能够在网络电话中重回朋友、家庭成员的角色。船员的工作角色要求职责明确、等级分明、纪律严明，而且总是在同样的空间、同样的时间，面对同样的人，做同样的事，生活和工作难以区分，也缺少变化。今天的情况和昨天的一样，明天的情况又和今天的一样。缺少丰富多彩的业余生活，令人感到乏味，容易引起船员的心理不适和烦躁不安，长期扮演单一角色而在家庭等重要角色中缺席易产生角色固化心理，导致角色统合能力下降、社会功能退化，以至于到陆上生活以后表现出应对复杂人际关系的能力下降。

背景的复杂性

对于船员来说，虽然工作、生活在一个有限的空间里，但人员结构多样化，既有决策者、执行者和操作者的分工，还有教育水平、社会习俗低于归属、人格等潜在因素的影响。尤其是在国际船员组成的船员团队中，还要面对多国籍船员之间的文化冲突、业务水平、饮食习惯、宗教信仰、政治观点等不同的情况，人员数量虽然不多，但背景相对复杂，容易产生矛盾与隔阂。

相对封闭而又开放

这听起来矛盾，但又真实存在。说它封闭，是因为海员在船上工作的时间内，面对的人群是相对固定的，交往的空间也是封闭的。一艘船，二十几个人风雨同舟，朝夕相处，形成了与其他职业不同的交际圈。船员们在相对小的群体中处于相对封闭的环境里,严格的上下级关系,工作关系几乎等同于生活关系,角色间调整的余地较小,缺乏可以回避、缓冲的空间,对船员身心发展不利。开放性则是伴随着经济全球化而产生的。船舶成为一个运动的载体,航行于世界各个港口,到达不同民族、不同社会制度的国家,不停地接触陌生的码头工人,经历不同的风土人情。这种国际性的社交活动看似开放性很强,但又蜻蜓点水,没有机会深入了解。对于内向的人来说,这可能会加重心理负担,而对于外向的人来说,这可能会成为缓解心理疲惫的机会。

情感的矛盾

一方面,马斯洛认为人都有社交需要,这是人在生理需求和安全得到基本满足的情况下,自然而然会产生的高层次需要。因而每个人都希望与他人建立亲密关系,能够交到知心朋友,希望爱别人以及被人爱。

另一方面,现实却往往造成对情感的回避,铁打的营盘流水的兵,绝大多数海员每次出航都会与不同的人合作,每个航期内也会不断有新旧同事的交替,船上实行轮流值班作业,彼此之间接触交往不多,除了工作时间外,心灵沟通与情感交流机会较少,混派船员甚至是每次都面对整船陌生的同事,而人际交往从定向阶段的陌生到成为情感探索阶段的熟人,再到成为情感交流阶段的朋友,是需要时间的。有些船员在已经知晓没有足够时间发展稳定关系的情况下,深入交流的意愿会降低,以避免结束时给自己带来心理压力。

情绪的易激惹性

在船上工作的海员超过一定航行时间以后,尤其是在经常受到外界不利因素袭扰之后,情绪极易受到刺激。这被行为主义心理学家称为一致性攻击,就是外界的应激性因素,使人无法回避或消退、躲避时,就会增加人的非理性的攻击性倾向。

职责分管以及生死与共的两极性

在平时工作中,船员各司其职,除了船长统管船舶之外,大副、二副、三副、轮机长、大管轮、二管轮、三管轮、水手长、大厨、二厨、普通船员都有各自的职责范围。平时大家承担不同的责任,但到了危急关头,不管是谁都要拧成一股绳,因为危难不解除,每个人都面临同样的风险。

海员婚恋

从整个人生来看,恋爱是婚姻、家庭生活的前导阶段,海员欲建立自己的家庭,恋爱是第一关。恋爱是培育男女双方爱情的阶段,爱情是婚姻的基础,关于爱情的问题是一个古老的话题。什么是爱情?爱情其实很平凡、朴素,而且实实在在,就是男女两人之间彼此的关注、牵挂、欣赏和理解。罗国杰先生认为:"所谓爱情就是一对男女,基于客观物质基础和共同的生活理想,在各自内心形成了对另一个异性的最真挚的仰慕,并渴望对方成为自己终身伴侣的最强烈的感情。"

结婚的基本原则之一是男女双方自愿,即两情相悦,也就是说婚姻应以爱情为基础。爱情是指两性之间所持有的一种高尚感情,真正的爱情既包括两性之间体态、容貌、风度的互相吸引,也包括志趣相投、感情融洽、生死相依。对于海员来讲,强调以爱情为基础的婚姻尤为重要。因爱情而步入婚姻的殿堂,才能经得起分离的考验。

当然,海员组成家庭后,家庭与事业的矛盾常常出现。怎样处理好这对矛盾呢?只顾家的船员不是一名好船员,而只埋头于事业不顾家的人也不是真正的男子汉。事业与家庭兼顾才符合航海伦理道德规范的要求。

首先,海员要体贴和理解妻子。新婚伊始,丈夫远航,妻子有无尽的思念。那份思念、那份惦念、那份期盼、那种感情的煎熬,不是脆弱的人能承受的,这些都需要丈夫深深地理解。一位远洋船员的妻子撰诗抒发了她在婚后三天为丈夫远航送行的感想:

别了,
又是一年离情,
也将又一次迎来重逢的甜蜜。
我们的爱情就是这样,
充满着道别、欢聚、重逢、分离……
来不及送走蜜月,
新婚就要分离,
他走向了大海,
万里远航,
洒下眷恋祖国、思念亲人的情丝,
铺满走去的海域……
每一次分离,
为亲人牺牲的精神,
又添加了一层深沉的爱意;
每一次重逢,
看理想实现的功绩,
更懂得了爱情与事业唇齿相依。
都说远隔千山万水,
可我们的心却无一丝分离……

我更多的是孤独,思念和等候,

因为你的位置在大海港口和五洲,

爱情不是朝朝暮暮的厮守,

理解和信任、奉献和分忧,

才是我们生命的绿洲……

海员妻子对家庭做出的特殊奉献,应该得到丈夫的理解与体贴。海员要从细小的方面关心妻子、关心家庭,尽可能地与妻子共同分担家庭重担,特别是要给予精神上的慰藉,增进彼此的沟通与理解。这样才能使家庭之舟不迷航,顺利驶向生活海洋的彼岸。

同时,海员的妻子亦应理解丈夫。海员的性格、情感是一个复杂的系统,它们在特定的工作和生活环境中形成,具有多元性和多变性。作为活生生的人,他们远离祖国、远离亲人,在茫茫无际的大海上航行,直接面对粗暴的大自然,不能过正常的家庭生活,有时不可避免地要形成某种负面情绪,这就需要社会尤其是妻子的关心与理解。海员的家庭需要夫妻的双向理解,夫妻只有相互理解、相互支持,才能共同建立一个幸福的家庭。

船上伙食

俗话说:"民以食为天。"那么远离陆地的海员在船上都吃些什么呢? 这个问题不仅与我们海员的日常生活息息相关,也是海员家属以及想要从事这一行的青年朋友的重要关注点。

由于船舶大部分时间是在海上航行,因此都配备了冷库和冻库,用来储存水果、蔬菜和肉类。船上大厨会根据航次长短,在港口联系供应商提供伙食,对一些不易变质的伙食通常会储备多些,以防航次计划改变。船舶每到一个港口,都会根据实际情况补充伙食,尤其是新鲜的蔬菜和水果。

很多人以为在船上生活,鱼类是不用准备的,但实际上并不是这样。因为船舶在航行时是很难钓到鱼的,只有船舶停泊在锚地或港口,才可能钓鱼,而且数量不会很多,船员这时候才会享受到钓鱼的快乐。

船上有专门储存淡水的水舱,离港前大副会根据船长的要求加足淡水,以保证船员和机器设备所需。大部分船在航行时能造水,但造出的水是蒸馏水,一般不用来饮用,在无其他可饮用的淡水时,可以在这些蒸馏水里添加矿物质,供船员使用。遇到极端条件,船舶缺水时,船员也会收集雨水作为淡水使用。

根据国际公约《2006 年海事劳工公约》规则 3.2——食品和膳食服务（Regulation 3.2—Food and catering）要求:(1)各成员国应确保悬挂其旗帜的

船舶随船携带和供应充分,以满足船舶需求并同时考虑到不同的文化和宗教背景要求的质量、营养价值和数量均合适的食品和饮用水。(2)应为船上受雇期间的海员免费提供食物。

在标准 A3.2（Standard A3.2）中第一条规定:各成员国应通过法律和法规或其他措施,为悬挂其旗帜的船舶供应给海员的食品和饮用水的数量和质量及适用于各餐的膳食标准规定最低标准,并应开展教育活动促进对该标准的认识和实施。作为《2006 年海事劳工公约》的履约国,我国的《2022 版中国船员集体协议（A 类）》[适用于中国籍船员、中国船东协会的会员单位及其所拥有和(或)管理的中国籍船舶。中国船东协会的会员单位拥有和(或)管理的方便旗船舶,雇佣中国船员的,可以选择使用该协议]对膳食标准做出了如下规定:第三十八条 船员的伙食费标准不低于附件 2 中规定的标准。附件 2:最低伙食费标准 全球航线:10 美元/人/天;东南亚航线:9 美元/人/天。船上伙食如图 6-8 和图 6-9 所示。

图 6-8　船上伙食 1

图 6-9　船上伙食 2

重大疫情对于海员的影响

严重的疫情传播对人们的生活和各行各业都产生了重大影响。由于航海的特殊性,船员要经常穿梭于各个国家之间,接触形形色色的码头工作人员,而且船上环境的封闭性,一旦有一个人感染疫情,对全体船员都构成严重威胁。所以,重大疫情对航海业、对船员的影响要超过一般职业。

由于平时海员的工作压力本来就很大,疫情的叠加更使得海员所承受的压力雪上加霜,加大了海员的生理疲劳和心理焦虑。高达70%以上海员表示他们的工作压力大,并且压力无法及时缓解。现代航海法律和法规支撑了航海,《1974年国际海上人命安全公约》(SOLAS公约)、《国际防止船舶造成污染公约》(MARPOL公约)、《1978年海员培训、发证和值班标准国际公约》(STCW公约)和《2006年海事劳工公约》(MLC 2006)四大海事法规对船舶安全行驶和防止海洋污染的规定越来越严格,针对运输船舶的各类检查项目越来越多、条款越来越细、要求越来越高,相当一部分海船船员产生了"检查恐惧症"这种检查增加了海船船员的工作压力,加剧了海船船员的心理紧张情绪。

在船人数减少,船上疾病增多,卫生标准要保持几乎和医院一样的水平,在满足这些标准的同时,还要保持社交距离,在狭小的传播空间,保持一定的人际距离的情况下,完成不可避免的日常海运工作,操作的难度要求很高。

海船船员在航海活动中面临搏击风浪的惊险和远离亲人的孤寂,加上噪声、时差、营养失衡、事故损害、人际冲突等多方面因素的作用,很难摆脱心理应激的损害性影响。心理应激一词并不应该仅仅被狭义地理解为,当人受到强烈应激源的作用,产生的心理损伤反应过程。从广义角度看,应激是一切生物对刺激进行反应的过程,包括种种适应、调节、反应在内。如果外界的刺激强度超过了机体的调节能力,或者自身调节能力存在严重缺陷,就会出现一系列失调现象。虽然在任何一种工作环境或生活环境中都无法避免心理应激源,但是海船船员所承受的心理应激压力要远远大过陆上的类似专业工作人员所承受的心理压力。应激因素的作用不仅表现为行进性和持续性,还表现为突发性和潜在性。在平静海面正常的行驶过程中,船员的应激性事件甚至低于陆上港口工作的平均承受应急事件的水平。但一旦遇到险情,应激作用突然上升,这样必然使船员的心理遭受更加强烈的冲击。当环境中应激源的刺激强度超过了船员最佳的自我调节能力所能调节的范围时,其便成为心理应激变的来源。心理应激所引起的情绪反应是最常见的一种形式,并且不容易被其他人发现。常见的情绪反应有几种固定的形式,如焦虑、过度依赖、恐惧、抑郁、愤怒、敌意,在所有的应急表现形式中,焦虑是最为常见的一种。

　　加强船上疫情防控防护工作,需要政府主管部门和相关机构单位和海员几方面共同努力。要严格落实企业作为防疫主体的责任,航运企业和船东公司要做好船舶防控和船舶管理工作,完善船舶管理以降低工作危险,营造良好的工作氛围,加强人文关怀。海员要调整心态,保持健康的起居规律,健康作息,科学饮食,改善睡眠,多做室外活动,设定目标和计划,保持良好的精神状态。

海员职业的劣势与优势

　　提到船员职业的优势与劣势,这里需要向大家介绍一下马斯洛的需要层次结构。马斯洛的需要层次结构是心理学中的激励理论,包括人类需要的五级模型,通常被描绘成金字塔内的等级(见图6-10)。从层次结构的底部向上,需要分别为:生理需要、安全需要、归属需要、尊重需要和自我实现需要。这种五阶段模式可分为不足需要和增长需要。在本书中,我们会基于马斯洛的需要层次结构来分析船员职业的优劣势。

图 6-10　马斯洛的需要层次

海员职业的劣势

船员在海上工作、生活,会面临来自各方面的考验。

(1)船上生活以及公休期间生活(生理需要、尊重需要)

海员船上生活总体来说是枯燥的,大部分海员在船期间感到孤独。由于船上人数少,一般来说仅有 20 人左右,而且 24 小时都有人在工作,再加上空间狭小、娱乐设施有限,船员值班工作之余待在各自房间的时间居多,难免孤独。

船员在公休期间的生活也不是那么美好,由于在陆地没有工作,加上社交圈小、朋友少,也会感到空虚无聊,甚至厌倦陆地生活,急切盼望再次上船工作。

(2)职业危险性(安全需要)

船员职业危险性一方面来自船舶事故,包括火灾、碰撞、搁浅等。造成船舶事故的原因主要是船舶状况差、部分船员素质低和恶劣天气等。

船员职业危险性另一方面是人身安全,其原因主要是由于船舶事故、危险货物、船舶结构、海盗攻击和生病等造成船员受伤、身体器官受损等,严重时危及生命。

(3)家庭牵挂(归属需要)

在我国,大部分船员在船期间工作合同从 6 个月到 9 个月不等,有时甚至可能达 12 个月,无法承担家庭义务,包括教育孩子、照顾老人等。

(4)工作压力大(自我实现需要)

海员在船期间工作压力大,主要源于责任大(8 小时工作,24 小时责任)。另外,船员在特殊情况下劳动强度大、工作时间长;部分工种的船员长期工作在高温、噪声、油气、狭小的空间。

另外,由于各种国际、国内法规的要求,船舶需要接受来自各方的检查,船员常常利用休息时间来准备检查。各国主管机关针对运输船舶的各类检查越来越严、项目越来越细,导致相当一部分船员产生了"检查恐惧症",加重了船员的工作压力,加剧了船员的紧张心理。

海员职业的优势

虽然船员这个职业有以上所述的劣势,但不可否认,这个职业也有很多优势,尤其是作为高级海员的船员。

(1)高度责任感和荣誉感(自我实现需要)

一艘货船,在普通老百姓眼里,不知道其价值所在。然而,有的船可谓价值连城。比如,一艘新造的液化天然气船(Liquefied Natural Gas,简称 LNG 船),载货 17.7 万立方米的液化天然气,其造船价值约 2 亿美元,加上满载的货物资产总额为数十亿元人民币,远超我国大型企业资产总额 4 亿元人民币的标准。船上的船员只有 20 人左右,就是这个公司的员工,船长是公司总经理。海员肩负的责任重大,也具有高度的荣誉感。他们通过艰辛的工作,保证这个庞大的企业安全运转,为国家赚得丰厚的运费。

(2)可观的经济收入(自我实现需要)

"海员好啊,工资一定很高吧!"许多人对于海员的第一反应都会这样。海员的工资相对陆地上的来说确实高一些,不过并不是每个海员都能拿高工资的。普通海员的工资不过才几千元而已,而高级海员的工资是普通海员的五倍至十几倍。

虽然海陆工资差在逐步缩小,但就高级海员而言,在船工作时的工资还是很可观的,尤其是管理级的高级海员。

与大部分其他工种相比,航海类专业学生毕业后上船成为高级海员所挣的工资具有很大的优势。

首先,在船工作期间升职快。以大连海事大学航海技术专业本科毕业生为例,按我国海事局的最新规定,航海技术专业本科毕业后,在船见习 1 年后按相关规定换取二副职务证书(一般而言,公司要求应先从三副开始任职);在船二副资历达到 12 个月后,经过规定的培训,参加大副职务考试(包括理论和评估考试),通过后上船见习大副 3 个月,获取大副职务证书。在船大副资历达到 18 个月后,经过规定的培训,参加船长职务考试(包括理论和评估考试),通过后上船见习船长 3 个月,获取船长证书。

以平均一年在船工作 8 个月为例,从毕业到持有船长证书需要 7~8 个自然年,也就是大概在 30 岁可以担任船长。

航海技术专业毕业生毕业后 8 年任船长工资约为一个普通大学生毕业后 8 年陆地平均工资的 5~6 倍,应该说高级海员的经济收入还是很可观的。

下面为 2022 年 1 月份中国船员工资市场行情参考数据:

2022 年 1 月,远洋航线中各职位船员月工资:

甲板部:船长工资:9 500~11 000 美元;大副工资:8 200~9 000 美元;二副工资:5 000~6 000 美元;三副工资:4 500~5 500 美元;水手长:2 200~3 000 美元;水手:2 200~2 500 美元;大厨 1 900~2 500 美元;

机舱部:轮机长工资:9 000~10 500 美元;大管轮:8200~9 000 美元;二管轮:5 200~6 000 美元;三管轮:4 800~5 500 美元;机工长:2 200~3 000 美元;机工:2 000~2 500 美元;电工:2 200~3 200 美元;

（3）丰富的海上阅历（自我实现需要）

当海员最大的福利可能是免费周游世界，体验各国风土人情。远洋轮船在国外码头靠岸后，当地代理为海员办理登陆证后，海员们便可以上岸欣赏异国风情，购买自己喜欢的物品，品尝一下异国的美食。在某些发达国家的港口，当地海员俱乐部（一般是教会资助）会派车免费接送海员到当地游览、购物。

即使是在海上航行，也能观赏到常人难以见到的美丽风景，海上日出，岛礁间奇丽风景。抛锚时还能钓到味道鲜美的海鱼。

除了能到世界各地观光游览，更为重要的是通过在船工作和生活，不断磨炼自己，增加海上资历，提高业务水平，培养自身修养和职业素养，为今后广阔的前景打下坚实的基础。

（4）广阔的前景（自我实现需要）

在海上工作多年以后，绝大多数高级海员都会成为管理级船员，包括船长、轮机长、大副和大管轮等。这些具有丰富海上经验的船员，除继续从事海员这个职业外，还可以有在陆地上发展的多种渠道，包括加入海事行政部门、引航站、航运公司、海事院校、港口相关部门、贸易公司等，前景十分广阔。

另外，从事多年高级海员之后，有一定的经济基础和社会基础，可以选择自己创业，包括经营船舶、货运、船舶管理、船员管理和贸易公司等。

海员职业的拦路虎——海盗

海盗是船员无法避开的话题。海盗是专门在海上抢劫商船的强盗，自从有船只航行以来，就有海盗的存在。特别是航海发达的 16 世纪之后，只要是商业发达的沿海地带，就有海盗出没。

海盗的现状

20 世纪后，随着现代化海上武装力量及各国海岸警备体系的发展与完善，海盗的数量大幅减少。但是，在部分繁忙水道及海域——例如非洲的亚丁湾海域，亚洲的印度尼西亚海域、新加坡海峡等——海盗活动与海上武装劫持事件仍时有发生。国际海事局在 2022 年发布的《海盗及海上武装劫船报告（2021）》显示，进入 21 世纪后，平均每年发生的海盗事件依然高达百余起，其中数量最多的分别是 2003 年和 2010 年,分别达到了 469 起和 445 起。

为保证国际航运、海上贸易和人员安全,2008 年 6 月,《联合国安理会第1816 号决议》通过并授权外国军队经索马里政府同意后进入索马里领海打击海盗及海上武装抢劫活动。包括欧盟、美国、俄罗斯、中国、印度在内的多个国际组织和国家响应该决议,先后派出武装舰艇编队执行护航巡逻任务。

目前臭名昭著的海盗是索马里海盗(见图 6-11),他们对航运业造成了极大的危害,途经红海口的船舶为规避索马里海盗,都不得不绕道航行。造成索马里海盗多的原因主要包括以下方面:

图 6-11　索马里海盗

(1)索马里多年来政治动荡、军阀混战,是世界最贫困的国家之一;

(2)索马里海域紧靠的亚丁湾是从印度洋通过红海和苏伊士运河进入地中海及大西洋的海上咽喉,战略地位十分重要,狭窄的航道是海盗活动的理想地点;

(3)索马里陆地面积广阔,有很大的转移空间。

目前海盗多发地

目前,印度尼西亚、马来西亚、索马里、也门、尼日利亚海岸的海盗出没较多,除了地理原因外,还有政治动荡等其他原因。

货船怎么防海盗

有人可能会问,海盗来了不能开枪吗?首先是船上一般没有枪,如果船上配备了枪支,到港时需要复杂的申报和监管手续,因此,现代商船一般不配备枪支武器。在海盗高发区,可以雇请专业的武装保安公司来保障船舶安全。另外,加入军舰护航编队是重要的措施。除了靠外部力量保护,船舶自身也要尽量利用自己的设备和人员做好防海盗措施。常规的准备措施如下:

(1)保持瞭望并提高警惕。

(2)加强驾驶台的保护,驾驶台通常是袭击的重点。在袭击伊始,海盗径直拿着武器向驾驶台开火以迫使船舶停下。一旦登船,他们通常是冲向驾驶台以取得船舶的控制权。

(3)控制进入驾驶台、生活区和机舱的通路。控制通路以阻止或拖延已登船的海盗进入生活区或机舱是非常重要的。需要认识到一旦海盗登上了一艘船的上层甲板,他们就会争取进入船员生活区,尤其是驾驶台。

(4)设置有形障碍。海盗们的典型做法是使用梯子和带绳索的挂钩抓紧正在航行的船舶。可以利用设置有形障碍、增加高度和难度尽可能地给试图登船的海盗制造困难。建议在设置障碍之前要进行深入研究,确定哪些地方是容易让海盗登船的薄弱区域。

(5)使用喷水器和泡沫灭火器。使用喷水器和泡沫灭火器已经被证明是一种阻止或延迟海盗登船企图的有效方法。船舶使用喷水器,海盗小艇就很难一直贴近船身,海盗也就更难爬上船。

使用喷水器和泡沫灭火器时,以下要点也值得注意:

一旦将喷水器和泡沫灭火器装配和固定到某一位置之后,建议使其处于良好状态下,只要遥控开启消防泵开始供水后就可开始喷水。

当船舶通过高风险区域时,尽量不要对船舶的海水系统进行保养工作。要注意的是,为了启用船舶的所有水泵,可能需要额外的动力设备,因此要保持这些设备处于良好状态,可随时启用。

应该进行练习、观察、演练,以确保这些设备能够达到预期目标,为防御薄弱区域提供有效的覆盖。

除常规的准备措施外,预防海盗的措施还包括:

(1)加强防海盗培训,制定不同区域的防海盗工作预案。预防在先,有备无患。

(2)进入危险海域时,加强巡逻,尤其是夜班的全船甲板不间断巡视。

(3)一旦发现海盗船及时报警。寻求岸基支持和巡逻海军舰船的及时驰援。

(4)一旦海盗靠近船,就要集中全船力量全力阻止海盗登船,坚决抵御海盗于船舷外。

(5)一旦海盗占领甲板,全力死守生活区,构筑最后防线。

后 记

蔚蓝海洋,充满着神秘的色彩,正是船员这一神秘而又勇敢的职业敢于在神秘色彩之下勇敢搏击,便利了八十亿人口生活的方方面面。

"长风破浪会有时,直挂云帆济沧海。"相较于古代船员直面风浪的危险,现代航海技术的发展让船员这一职业更具专业性和职业性。作为一名有着丰富航海经验的船员,我希望以专业的视角、灵动的笔触详细描写真实航海生活中船员这一职业的过往历史、现今状况和未来发展,让更多的读者走进这一伟大的职业。

纵观古今,船员都是人类挑战海洋、直面风浪的职业,更是勇敢者挑战自我的职业。读完这本船员科普读物,希望你不只是了解了船员这一职业,更希望你也可以生出成为一名船员的勇气,用自己的亲身经历续写这一伟大职业背后的故事。

参考文献

[1] 赵庆涛. 航海概论[M]. 大连:大连海事大学出版社,2010.

[2] 何庆华,吕红光. 航海概论(英文版)[M]. 大连:大连海事大学出版社,2014.

[3] 杨槱,陈伯真. 人、船与海洋的故事[M]. 上海:上海交通大学出版社,2010.

[4] 张晓. 船舶管理[M]. 大连:大连海事大学出版社,2009.

[5] 刘正江. 船舶安全管理[M]. 大连:大连海事大学出版社,2016.

[6] 杨传勇,阎婧祎. 航海心理学[M]. 大连:大连海事大学出版社,2021.

[7] 史兆光. 航海伦理学[M]. 2版. 大连:大连海事大学出版社,2007.

[8] 刘红明,王宏明. 海事蓝皮书·船员发展篇[M]. 大连:大连海事大学出版社,2021.

[9] 王芸慧,陈玉傲,梁民仓. 无人船的发展对船员职业影响及对策研究[J]. 水运管理,2021,43(08):41-44.

[10] 陈飞. 漫谈海员衣食住行:食篇 航行美食一样美滋滋[OL]. (2021-03-17)[2022-03-08]. https://mp. weixin. qq. com/s/7G3hZCI5dVPuQqtR4FAKXA.

[11] 中国海员之家佚名. 船员与海员的区别,你真知道?[OL]. (2020-05-07)[2022-03-08]. http://www. 54seaman. com/news/detail_136014. html.

[12] 排行榜大全. 甲类、乙类和丙类海员是如何划分的?[EB/OL]

(2022-3-8). https://pai - hang - bang. cn/ic - 1957727174432491860. html.

[13] 航海教育研究. 航海类专业学生就业工作的思考[OL]. (2019-12-31) [2022 - 03 - 08]. https://www. cnss. com. cn/html/hygc/20191231/333630. html.

[14] 朱吉祥. 中国航海教育史[OL]. (2021-02-19)[2022-03-08]. https://zhuanlan. zhihu. com/p/351354107.

[15] 董博. 是时候关注船员健康问题了[N/OL]. (2021-04-15)[2022-03 - 08]. https://www. xindemarinenews. com/columnist/dongbo/2021/0415/28656. html.

[16] 浙江海事. 海员的婚姻状况, 你了解多少? [OL]. [2022-03-08]. https://www. sohu. com/a/294487599_120030135.

[17] 海事服务网佚名. 国际海员! 全球共189万, 今年缺口26240! 赶紧"打补丁"! 否则5年后不可控! [EB/OL] (2021-07-29). https://mbd. baidu. com/ma/s/xK5O8Xgn.

[18] 中华人民共和国交通运输部. 2020年中国船员发展报告[R/OL]. (2021-06-25) [2022-03-08]. https://xxgk. mot. gov. cn/2020/jigou/haishi/202106/t20210625_3610590. html.

[19] BIMCO and International Chamber of Shipping. Seafarer Workforce Report 2021[Z]. 2021-7-28.

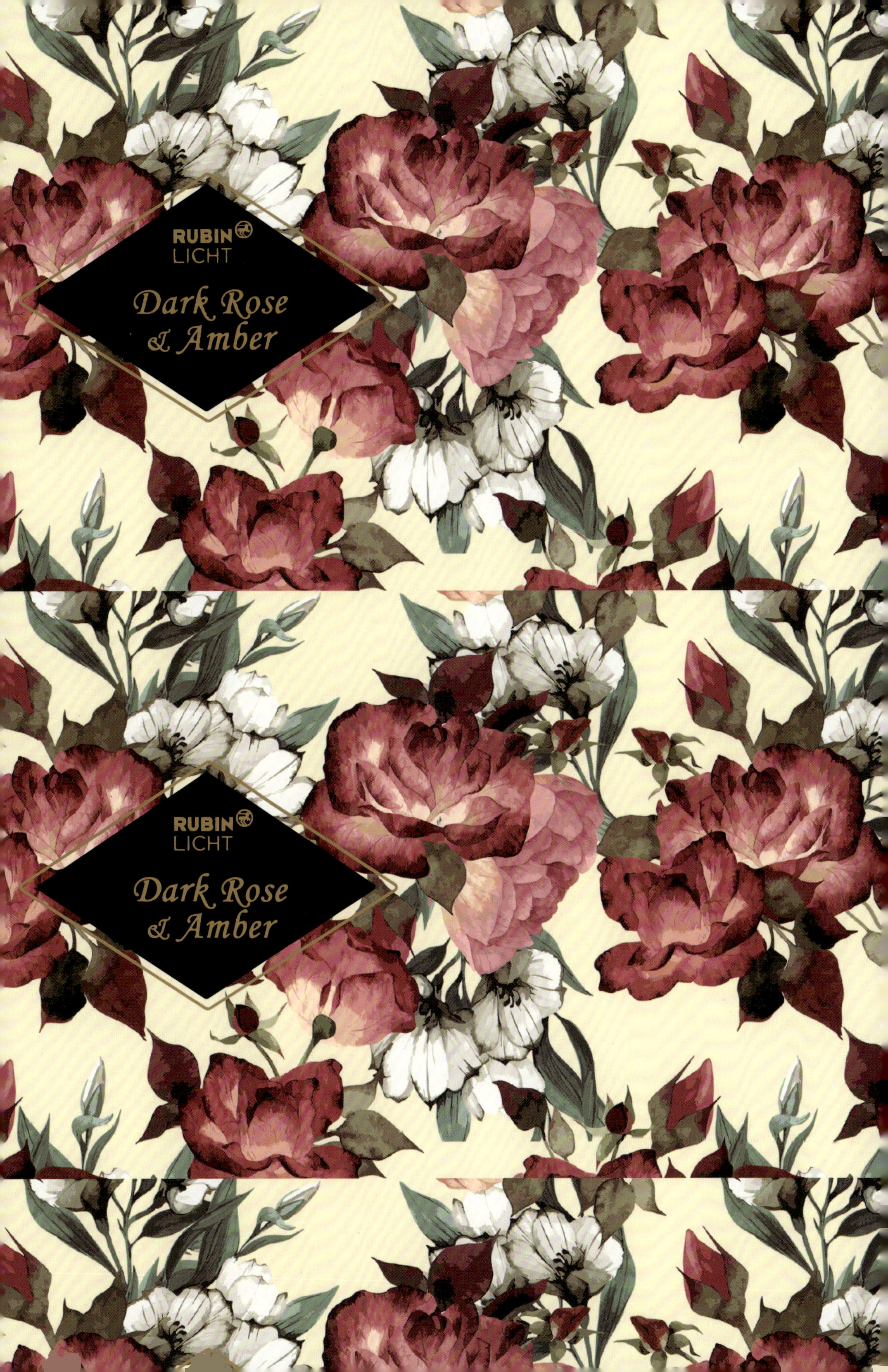
RUBIN
LICHT
Dark Rose
& Amber
RUBIN
LICHT
Dark Rose
& Amber